KB127426

영등포산업선교회 60주년 기념도서 **4**

영등포산업선교회

Yeong Deung Po Urban Industrial Mission

1958-2018

영등포산업선교회 60주년 기념사업 준비위원회

위원장	**정명철**
위원	**김안식, 최호득, 김경우**
발행처	**영등포산업선교회**
발행인	**진방주**
편집인	**양명득**
편집위원	**김건호, 배재석, 이용희, 최병국, 홍윤경**

Publication   Yeong Deung Po Urban Industrial Mission

영등포산업선교회 60주년 기념도서

영등포산업선교회
Yeong Deung Po Urban Industrial Mission

1958-2018

동연

영등포산업선교회 창립 60주년 역사화보집 축사

President Moon Jae—in,
Republic of Korea

영등포산업선교회 창립 60주년 역사화보집 발간을 진심으로 축하드립니다.

정의와 진리 편에 섰던 영등포산업선교회 60년의 시간을 역사화보집에서 만납니다. 1958년 설립된 이래 영등포산업선교회는 소외와 차별에 눈물짓던 노동자들과 함께 울었고, 함께 목소리를 높였습니다. 노동 현장에 연대와 협력의 온기를 불어넣으며 어리고 약한 노동자들을 귀하게 지켜주었습니다.

어떠한 탄압에도 노동자들의 손을 놓지 않았던 영등포산업선교회의 투쟁을 보며, 저를 포함해 많은 이들이 노동문제에 관심을 갖게 되었습니다. 한 사람 한 사람의 노력과 헌신이 밀알이 되어, 민주화와 인권운동의 전진이 이루어졌고, 노동이 존중받는 사회를 앞당기게 되었습니다.

더욱 반가운 것은 영등포와 구로공단을 밝히던 영등포산업선교회의 등불이 더 넓고 환하게 우리 사회를 비추고 있다는 사실입니다. 비정규 노동자, 이주노동자뿐만 아니라 저소득층, 노숙인과 함께 상생과 연대의 정신을 실천하고 있는 영등포산업선교회에 감사와 격려의 인사를 전합니다. 지역공동체를 건강하게 회복시키기 위한 영등포산업선교회의 새로운 도전을 응원합니다.

감사합니다.

대 통 령 문 재 인

정말 긴 세월입니다. 우리 사회가 지금 누리고 있는 민주주의의 상당 부분을 영등포산업선교회에 빚을 지고 있다고 생각합니다. 영등포산업선교회가 노동자들 곁에서 가장 어두운 시대를 함께 견뎌내며 새로운 민주주의 역사를 함께 써온 60년의 시간이 이 역사화보집 한 권에 모두 담겨있습니다.

우리 역사와 함께해온 기독교 선교가 한국 사회 여러 분야에서 많은 발전을 이끌어 왔음에도, 기독교 관련 문화자산들이 뿔뿔이 흩어져 점점 잊혀져갈 위기에 처해있습니다. 이러한 현실 속에서 발간된 역사화보집 발간은 그 의미가 더욱 큽니다. 이 책을 통해 영등포산업선교회가 함께 이끌었던 노동이 어둠 밖으로 한발씩 용기 있게 내딛는 60년의 역사를 느껴보시길 바랍니다.

서울특별시 시장 박원순
Mayor of City of Seoul Park Won Soon

영등포산업선교회가 올해 창립 60주년을 맞은 것을 진심으로 축하드립니다. 1950년대 말 영등포에 터를 잡은 산업선교회는 산업화와 민주화, 외환위기와 같은 우리나라의 근현대사 과정에서 영등포 사람들에게 참으로 큰 힘이 되었습니다. 영등포는 초기 산업화시대에 유수의 공장들이 수없이 들어섰던 공업지역으로, 당시 영등포산업선교회는 지치고 힘든 많은 노동자에게 따뜻한 공동체를 만들어주고 자신들의 목소리를 낼 수 있게 도와주었습니다. 지금도 비정규직 노동자, 노숙인 등 우리 사회의 소외된 분들을 사랑으로 품어주고 있습니다.

영등포갑 국회의원 겸 전) 고용노동부 장관 김영주
Cabinet Minister for Employment and Labour
Kim Young Joo

1994년 6월 서울지하철, 부산지하철, 철도 전국기관차협의회(이하 전기협)의 동시파업은 커다란 사회적 파장과 한국의 노동조합 활동에 영향을 주었습니다. 그 투쟁이 끝난 이후 임의단체였던 전기협에 대한 극단적 탄압은 많은 해고자를 양산하고 철도현장의 민주노조 운동은 없어지는 듯 했습니다. 그러나 해고자들과 민주노조를 염원하는 동지들은 마음을 모으고 다시 희망을 준비하였습니다. 그리고 이 철도노동자들에게 손을 내밀고 공간을 내어준 곳이 바로 영등포산업선교회였습니다. 지금의 철도노조가 왕성한 활동을 할 수 있는 불씨가 되었다고 생각합니다. 과거 군사독재의 시절을 거쳐 가며 결코 쓰러지지 않는 노동자의 벗으로 지내온 영등포산업선교회가 60년이란 장구한 세월을 지나 새로운 노동존중의 세상으로 가기 위한 시대를 맞이하게 된 것에 감격스럽습니다.

노동자의 벗으로, 낮은 곳으로 임해 자신을 희생하여 인류의 희망으로 거듭났던 예수의 정신이 민주노총의 향후 활동에도 항시 마음에 새겨야 할 정신임을 명심하겠습니다. 다시 한 번 영등포산업선교회 60년을 80만 민주노총 조합원들의 마음을 담아 축하드리며 더욱 강건하고 발전하시길 바랍니다.

전국민주노동조합총연맹 위원장 김명환
Korean Confederation of Trade Unions
Chairperson Kim Myung Hwan

Congratulations for 60 years of wonderful work for workers and Christ. In my early years at YDP, things were very poor for workers who often came there from rural areas in Korea. Work conditions for some were good but for others, very poor, wages low and unsafe. The Rev Cho Gi Song was a visionary leader and founder. I came to YDP from a theological school in Australia and a working life in Boiler, Welding and Plumbing engineering and with Australian trade Union experience. I was pleased to work with you and found your Christian faith in difficult times something I have carried with me all through my life, back to Australia and the WCC.

Rev. Richard Wootton AM
The Uniting Church in Australia

Rev. Florian Gartner M.A., Head of Department for Worldmission and Ecumenical Relations, Protestant Church of the Palatinate in Germany

The Protestant Church of the Palatinate in Germany sends sincere greetings for the 60thAnniversary of Young Deung Po Urban Industrial Mission. Since the 1980s we had the chance to be in touch with you and we highly appreciate the impressive mission of YDP-UIM in the vineyard of our Lord Jesus Christ. We are impressed that this mission field is already sixty years old. Every time we are happy to meet people from the YDP-UIM. They are full of power and ready to spread the gospel in a diaconical and spiritual way. That shows us the strength that is given to you by the Holy Spirit! We will support you in the future and accompany all of you with our prayers.

대한예수교장로회 총회장
림형석 목사

영등포산업선교회 설립 60주년과 역사화보집 출간을 축하드립니다. 1957년 총회의 결의로 산업전도위원회가 승인되고, 그 다음해 시작된 영등포산업선교회는 노동인권운동과 민주화운동에 큰 업적을 남기었습니다. 2010년 총회는 영등포산업선교회를 총회 역사유적지 8호로 지정하고 '노동선교의 요람, 민주화운동사적지'로 여기고 있습니다. 현재에도 이 사회의 소외되고 가난한 사람들을 위하여 열정을 다하여 헌신하고 있음에 감사를 드립니다. 영등포산업선교회의 선교현장과 직원들과 자원봉사자들 위에 하나님의 은총이 함께 하시기를 기원합니다.

영등포산업선교위원회 위원장
김상룡 목사

영등포산업선교회 60주년 역사화보집 출간을 축하드립니다. 영등포산업선교회의 지난 60년은 영등포 지역에만 국한되지 않으며, 또한 산업선교에만 국한되지 않습니다. 그 사역의 범위는 총회와 아시아 에큐메니칼 지경으로도 이어지며, 우리나라의 노동과 민주화 운동에까지 잇닿아 있습니다. 이 기회를 통하여 그동안 수고하신 많은 일꾼들을 기억하며, 또 그 귀한 사역을 이어받아 현재의 상황에 맞추어 정진하고 있는 모든 직원들과 위원들을 격려합니다. 하나님의 인도하심이 선교회 위에 계속되시기를 기원합니다.

영등포산업선교회 총무
진방주 목사

1995년 영등포산업선교회 총무 임기를 마치고 떠났을 때, 앞으로 이곳과는 인연이 없을 것 같았다. 그후 총회에서 일하며 영등포지역을 다녀갈 기회도 거의 없었던 것도 사실이다. 그러나 2014년 영등포산업선교회에 다시 부름을 받아 현재 60주년 기념행사를 진행하고 있고, 특히 역사화보집을 발행하게 되었다. 역사는 섭리이고, 하나님의 섭리에 따라 여기까지 왔다. 이번에 본 화보집을 통하여 세상에 처음 공개되는 사진들을 보면 그 섭리의 흔적이 드러나며, 이 증언은 후대에게도 계속 전해져야 하겠다. 본 화보집을 위하여 도움을 주신 여러분들에게 깊은 감사의 말씀을 전한다.

편집인 **양명득**

역사화보집을 만드는 작업은 중노동이다. 수십 개의 앨범 박스자료를 옮겨야하고, 수천 개의 사진을 들추어야하고, 수백 개의 사진을 스캔해야 한다. 그 중 보물처럼 찾아낸 몇 십 장의 역사 속 사진을 기억하고, 기록하고, 편집하는 작업은 그러나 즐겁고 보람된 일이다. 과거 속에 현재의 우리와 미래의 비전도 공존하기 때문이다. 영등포산업선교회는 60주년을 맞아 전환점 위에 서 있다. 선교회 건물이 새 것이 되고 사역의 범주가 달라진다하여도 복음에 충실하고자 하였던 초창기의 그 정신과 영성은 영원히 이어지기를 소망한다.

CONTENTS

영등포산업선교회
1958-2018

CONTENTS

영등포산업선교회
1958-2018

영등포산업선교회

Yeong Deung Po Urban Industrial Mission

1958-2018

공장목회로서의 도시산업전도
Urban Industrial Evangelism as Ministry in Factories

1958-1967

한국사회는 1950년대 후반부터 공업화가 본격적으로 시작되었고, 수도권 근교에 많은 공장이 세워지면서 농촌의 젊은이들이 공장지역으로 유입되고 있었다. 이에 따라 대한예수교장로회 총회는 선교 70주년 기념사업으로 1957년 총회 결의로 산업전도위원회를 조직하고 각 지역에 지구위원회를 결성하도록 하였다.

다음해인 1958년 4월 19일 경기노회는 영등포지구 산업전도회를 창립하여 위원장에 계효언 목사가 선출되었고, 실무자로는 강경구 전도사가 부임하였다. 영등포산업선교회의 역사가 이 날을 기점으로 시작된 것이다. 당시의 산업전도는 노동자들로 이루어진 교회별, 공장별 산업인 모임들이 정기적인 회합을 갖고 예배와 성경공부, 그리고 친목과 다양한 교양활동을 전개하는 것이 주된 내용이었다.

From the late 1950's, the Korean society began industrialization and many young people from rural areas were attracted to urban areas where factories were being established. Due to these developments, the 1957 General Assembly of the Presbyterian Church of Korea (PCK) decided to form an Industrial Evangelism Committee in each of the major cities.

In the following year in 1958, the Gyeonggi Presbytery established an Industrial Evangelism Committee in the Yeong Deung Po region, appointing Rev Hyo Eun Kye as chairperson and Ms Kyung Goo Kang as a staff member. This was the beginning of the Yeong Deung Po Urban Industrial Mission (YDP–UIM). Major activities of the YDP–UIM during this time included regular fellowship meetings in the church and factories, worship, and bible studies.

산업전도의 시작 The Beginning of Industrial Evangelism

"내 아버지께서 일하시니 나도 일한다"(요 5:17)라는 표어 아래 시작된 산업선교가 처음에는 '산업전도'라고 불리었다. 이전에도 '공장전도'가 없었던 것은 아니지만 총회차원에서 공식 이름을 걸고 시작하게 된 것이다. 급격한 산업화로 인하여 공장에 몰려드는 수많은 사람을 전도하여 구원해야 하겠다는 순박한 전도열이 그 동기였던 것이다.

개척기라는 특성 때문에 산업전도를 계몽하는 인쇄물(소책자, 팜플렛, 포스터 등)이 많이 만들어졌으며, '기독학생노동문제연구회', '학생순회전도대', '산업전도사훈련모임' 등을 여름과 겨울방학 때마다 실시하여 공장과 탄광에서 노동체험과 동시에 노동자의 삶을 이해하고 그들의 의식구조를 배우는 일을 진행하였다. 위 사진은 공장현장에서 노동자들과 함께 예배를 드리고 촬영한 사진으로 나무십자가를 세움으로 산업신도 모임임을 나타내고 있고, 11쪽 맨 위 사진은 영등포산업전도회 회의 모습이며 13쪽 아래사진은 당시 영등포 지역의 모습이다.

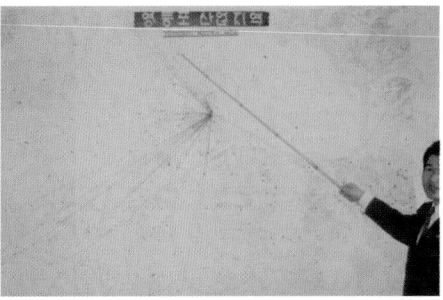

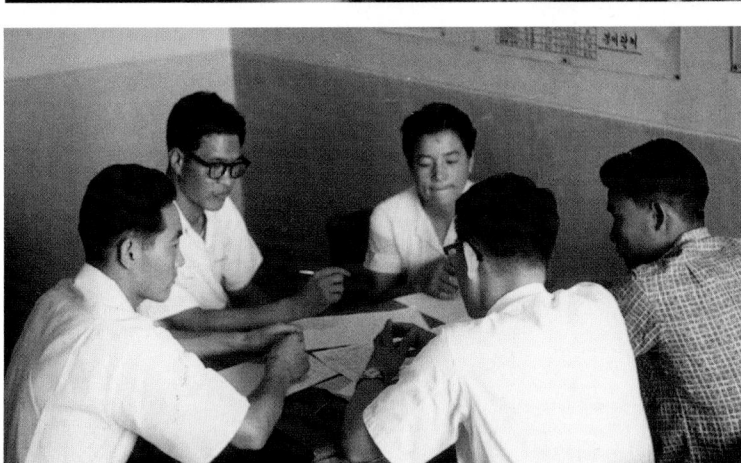

초창기 지도자들 Early Leaders

대한예수교장로회 총회는 1957년 전도부 안에 '산업전도위원회'를 두고 오철호 실무 간사를 인준하였다. 다음해인 1958년에는 아시아기독교협의회의 산업전도 협동총무였던 미국장로교회 헨리 존스 목사(Henry Jones)와 미연합장로교 존 램지 장로(John Ramsay)가 각각 한국교회를 방문하여 산업전도를 격려하고 전국에 산업전도위원회를 조직하는 일을 도왔다.

이후 가톨릭에서는 가톨릭노동청년회, 감리교는 1961년 9월에, 성공회는 10월에, 기독교장로회는 1963년에, 그리고 구세군은 1965년에 본격적인 산업전도를 시작하였다.

당시 영등포지역의 공장 신도모임 인도자로는 대동모방의 방지일 목사, 한영방직의 강경구 전도사와 문학선 목사, 해태제과의 이정학 목사, 조선피혁의 조지송 목사, 동아염직의 박조준 목사 등이 있었다. 위 사진은 한 산업전도 모임으로 중앙에 계효언 목사가 보인다. 15쪽 맨 위 왼쪽사진에는 헨리 존스 목사와 오철호 간사, 오른쪽 사진은 한경직 목사 그리고 16쪽 맨 위 사진 가운데 강경구 전도사가 있다.

노동주일과 산업인예배 Labour Sunday and Worships for Workers

1959년부터 노동절예배가 시작되었으며, 다음해 3월 10일 총회는 근로자의 날 앞 주일을 공식 노동주일로 제정하고, 전국교회가 노동주일 헌금을 산업전도 사업을 위하여 사용할 수 있도록 결의하였다.

이때부터 노동절 축하예배를 정착시켰으며, 노동자들의 감사예배와 같은 한국교회 역사상 처음 있는 독창적인 예배형식을 창출하기도 하였다. 또한 매월 마지막 주일 영등포지구 각 공장 신도 연합예배가 있었으며 당시 영서교회, 영등포교회, 도림교회, 양평동교회 등에서 열렸다.

1964년에는 산업인 추수감사예배가 영등포교회에서 있었는데 20개 기업체의 생산품을 성단에 드리고 예배를 드렸으며 600여명이 참석하였다. 설교는 영락교회 한경직 목사가 하였다. 위 사진은 1967년 영등포교회에서 드린 산업인 감사예배이고, 18쪽 사진 맨 아래 오른쪽에서 두 번째 줄 맨 왼쪽이 유병관 목사. 그 옆에 대한성공회의 김요한 (John Daly) 주교, 그리고 맨 뒷줄 왼쪽에서 두 번째가 호주의 리차드 우튼 선교사이다. 19쪽 아래 사진은 미국장로교 마셜 스카트 (Rev Marshal Scott) 총회장이 대한모방에서 새벽기도회를 인도하는 모습이다.

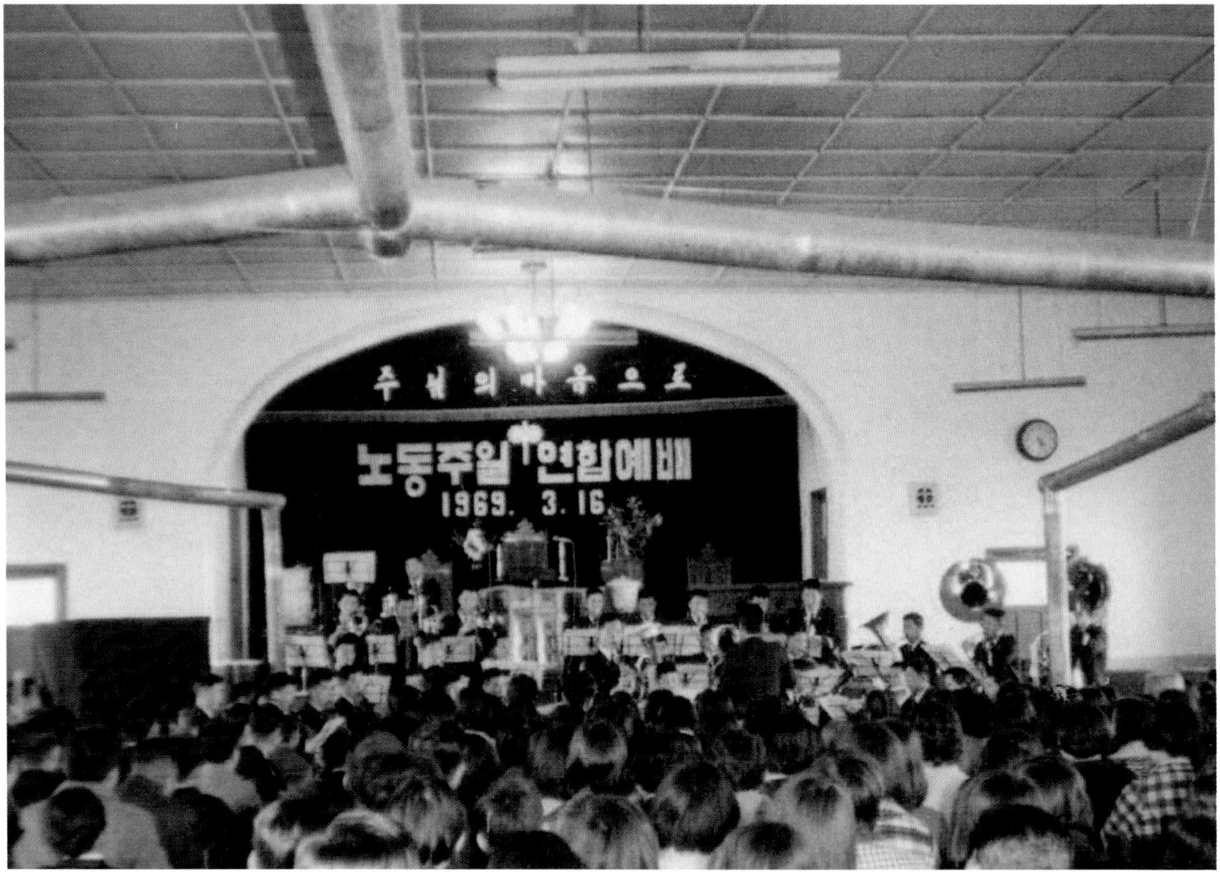

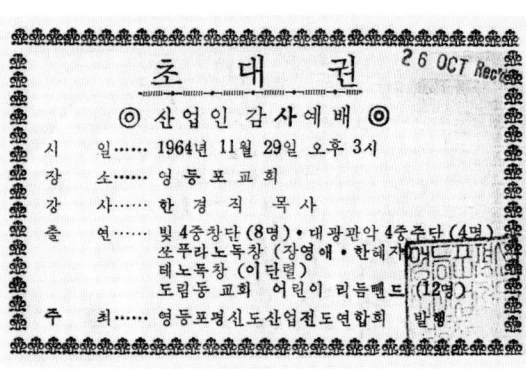

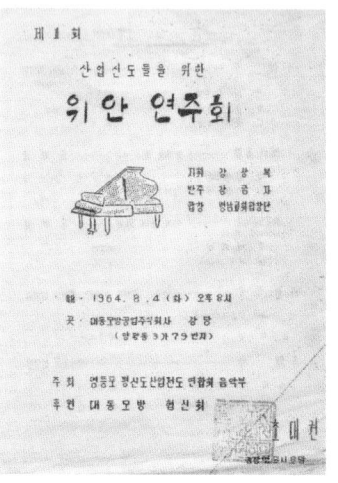

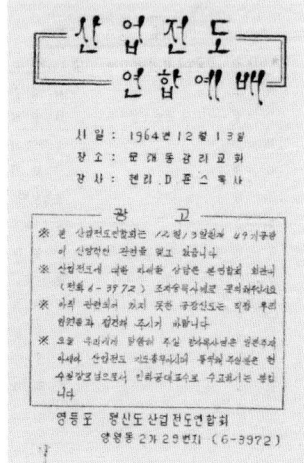

산업전도와 평신도교육 Industrial Evangelism and Lay Education

1960년대 초 영등포지역의 여러 교회와 공장들에서 산업신도들의 조직이 안정적으로 자리를 잡기 시작하자 영등포지구 산업전도연합회는 평신도산업전도연합회를 결성하고, 평신도들의 자발적인 산업전도 활동을 적극 인도하고 지원하였다.
또한 공장 내 평신도 산업전도 지도자 교육과 훈련을 실시하여 평신도 스스로가 산업전도에 나서도록 하였는데, 이것이 후에 영등포산업선교회의 노동자 교육활동의 토대가 되었다. 각 공장 내에 산업신도 써클을 조직하여 산업사회 문제, 기업경영 문제, 노동운동 문제, 이윤과 분배 문제 등 여러 가지 분야에 관한 성서적이며 실제적인 계몽 사업을 시도하였다. 위 사진은 제2회 영등포평신도산업전도연합회 총회 모습으로 중앙에 조지송 목사가 무엇인가 설명하고 있고, 20쪽 위 사진 중앙에 있는 사람이 미장로교의 함부만 선교사이다. 아래 사진은 1960년의 한국기독교교회협의회 산업전도 모임이며, 24쪽 중간 사진은 산업전도 전국모임의 모습이다.

여성노동자 친교소모임 Female Workers Fellowship Groups

산업전도회 내에 신앙적 친교그룹들은 소모임 활동을 시작하였는데 노동법 학습을 비롯하여 재봉반, 꽃꽂이반, 의상반 등이 있었다. 또한 '신봉회'라는 노동자 조직을 통하여 친교, 봉사, 구제, 전도 등 여러 가지 일을 여성 노동자들이 추진하고 있었다.

뿐만 아니라 양평동교회의 경우 해태제과 여종업원들을 위하여 숙녀반을 편성하여 매일 저녁 교육을 실시하였고 성경, 한문, 영어, 가사, 사회상식 등을 가르치기도 하였다. 위 사진은 여성노동자들 친교모임의 모습으로 다과를 나누며 담소하고 있다.

조지송과 산업전도위원회 Industrial Evangelism Committee

1964년 총회 전도부의 파송으로 영등포지구 산업전도위원회 실무자로 조지송 목사가 부임하였는바, 그는 한국 최초의 공식 산업전도 목사이다. 조 목사는 영락교회의 재정 후원을 받았으며, 이때부터 1985년 까지 영등포산업선교회의 중심 실무자로 산업선교를 한국교회에 뿌리 내리게 하여 한국 산업선교의 대부라는 별명을 얻기도 하였다.

한편 1962년 당시 영등포지구 산업전도 위원들로는 계효언 목사, 방지일 목사, 이정학 목사, 박조준 목사, 정성복 장로, 정영삼 목사, 이춘학 장로 등이다. 또한 1965년에는 호주장로교회 딕 우튼 목사(한국명: 우택인)가 산업전도 전임선교동역자로 부임하므로 영등포산업선교회와 호주교회와의 동역관계가 시작되었다. 위 사진은 노동자들의 야외활동 모습으로 조지송 목사가 중간에 서서 말씀을 전하고 있다.

노동자단합대회 Fellowship among Workers

영등포지역의 각 사업장 산업신도 써클에서는 야외활동이나 운동회, 등산 등으로 공장에서의 스트레스를 잠시나마 내려놓았으며, 불암산과 남산 등 서울 근교의 산이나 밤섬 등 한강 주변을 즐겨 찾았다.

또한 당시 조선피혁, 대동모방, 한영방직, 미풍산업, 미왕산업, 동아염직, 대한모직, 해태제과, 동양미싱 등의 직장별 대항 경기, 음악 콩쿨, 만담오락, 영화감상, 성경퀴즈대회 등을 통하여 정서생활을 높이기도 하였다. 위 사진은 산업신도 체육대회 모습으로 다양한 복장을 한 리더들이 응원을 유도하고 있다.

산업전도회관 Industrial Evangelism Office

영등포산업선교회는 1964년에 와서 산업전도회관으로 사용할 건물을 전세 10만원에 계약을 하였다. 영등포동 8가 80번지에서 양평동 2가 29번지로, 또 영등포동 7가 70번지로 회관을 옮겼다가 1975년에 산업선교회관을 아파트로 이전하였는데 주소는 당산동 121번지 시범 APT 13동 6호였다. 이곳에서도 이사를 하는 등 1981년 현재 장소에 회관이 신축될 때까지 전세로 사무실을 운영하였다.

한편 영등포지역 교회들도 교회 내에 산업전도회를 만들어 사역을 시작하였는데 영등포교회에서는 1961년 노동주일부터 산업신도연합집회를 개최하였고, 도림장로교회, 영서교회, 한영교회는 1964년, 양평동교회와 영남교회는 1965년 산업전도회의 다양하고 활발한 활동을 하게 된다. 위 사진은 초기 영등포의 한 지역에 전세로 계약한 산업전도 사무실 전경이다.

도림교회 청년협의회
산업전도회 1주년 사업보고

8. 28. 창립총회 회원 22명
9. 27. 친목및 신앙간담 회원 20명
10. 4. '산업전도'(영등포지구간) 15매식 배부시작
10. 4. 성경매일 한장읽기운동 29명 참가
~ 12. 25
셋째주일 청년협의회 헌신예배 4회
10. 18. 제2회총회 회원 29명
신회원을위해 매주 3회환담회
10. 25. 임대자 송별회
11. 9. 근로자 합숙소 방문코 위안의밤가짐
12. 24. 성탄의밤 (친목회, 성경읽기시상)
12. 25. 교회부근 기업체에 크리스마스 새벽송 (32개 공장)
1. 12~16 신년특별기도회 연 152명 참가
한마리양 찾기운동 결의
1. 10 '산업전도' 350매×35=12,250매
지금까지 16개 공장에 배부
" 청년주일학교 매주오전 10시~10:50분
· 평균 25명×35=875명
매토요일 기도회및 신앙강담회
평균 20명×35=700명
셋째주일예배후 정기월례회
산전 헌신예배
미왕 매수요기도회 협조
드레스, 경방, 판본산전 협조

본회 회원명단

〈고문〉유병관 목사, 유병헌 집사(세광) 박주영 집사(미왕)
〈지도위원〉신상길 전도사
〈판본방적〉송영숙 임병숙 신안순 김원자 김옥선
김홍숙 김영하 정명자 이규환 이종분
박혜금 홍국자 나옥자 변혜순 이정조 최정자
이명자 강주석 김정옥 남정희 김래남
박순자 박병회 민정숙 정숙자 김옥선

〈경성방직〉김기한 윤영님 이순자 이창순 안진희
박순영 이전희 박순선
〈석유주식〉임정숙 〈대동모방〉 신운옥
〈미왕산업〉김용백 서기로 최복녀 이명수 신운집
오해철 이용명 신용철 이정자 손장웅
박시진 김원순 한영부
〈대풍산업〉오용진 〈동신화학〉 박종율 이규학 강환찬
〈대한방공〉방순현 이영식 이덕수 〈크라운맥주〉이광배
〈여동화학〉강선원 〈동양미싱〉 최가희 성순상 송부섭
원유진 김성진 유재운 김춘님 김인수 김영희
권충님 이종립 한상출 박종오 박상균 전무진
권한식 〈제일미싱〉 유성열 이용식 이태환
임수영 문복호 〈광원연구소〉이만영
〈삼광초자〉석종철 김순덕 김낙원 〈세광왕미싱〉러빙기
김덕해 김덕진 성종운 오현택 〈현신기업〉소병웅
이상우 〈조양기계〉 김성진 〈만물판금〉 허용
〈영등포미우〉육영호 〈영양산업〉최심일
〈대륙기공〉김정립 〈동광스텐〉 허해석 봉장큐
〈수성산업〉신용일 〈제일물산〉 장익원
〈근로자합숙소〉안영목 〈용산초자〉 송인남
〈전기공업〉최벽일 〈대선제분〉 윤광환
〈동양파이푸〉박문갑

〈기타〉고성훈 이영자 김문성 신종희 신광일
박흥복 신종명 김흥직 최옥자 최봉자
이영배 유감선 박성순 고정현 박남서

〈131명〉

첫돌기념예배

도림장로교회산업전도회
서울·영등포

이동산업전도대 Mobile Industrial Evangelism Team

대한예수교장로회 총회는 산업전도의 활성화를 위하여 이동산업전도대를 조직하고 예산을 배정하여 이동성가 합창대 및 계몽대를 전국적으로 파견하기 시작하였다. 이들은 노동자와 학생들과 토론을 하며 전도의 기회를 찾았고, 함께 예배를 드리고, 또한 운동시합 등을 통하여 가까이 친교 할뿐만 아니라 무료진료봉사를 하며 공장 안에서의 산업전도에 힘썼다.

이동산업전도대는 각 공장에 산업전도회를 만들어 활동하도록 격려하였는데 경영주들의 몰이해와 고의적인 반대, 그리고 노동자들의 자각의식 결여와 제한된 여가시간으로 어려움을 겪기도 하였다. 위 사진에는 한 산업신도예배에서 이동산업전도대 성가대가 찬양을 부르고 있다.

영등포산업선교회

Yeong Deung Po Urban Industrial Mission

1958-2018

노동조합을 통한 도시산업선교
Urban Industrial Mission through Labour Unions

1967-1972

1968년은 한국 산업전도 역사에서 중요한 연대로 기록된다. 이때에 '산업전도'라는 말이 '산업선교'라는 단어로 바뀌기 때문이다. 이것은 산업사회에서의 교회 역할에 관한 근본적인 관점의 변화를 반영하고 있으며, '도시산업선교'로 그 이름을 바꾸고 개인구원의 입장에서 '하나님의 선교'라는 보다 넓은 선교의 사명을 안게 된 것이다.

영등포산업선교회도 실무자 중심에서 노동자 중심, 즉 노동조합을 통한 선교라는 정책적 변화 속에 있었으며, 노동법, 산업사회학, 단체교섭법, 노동쟁의법 등의 교육을 통하여 노동조합원들이 노조지도자가 될 수 있도록 도왔다.

또한 각 사업체 안의 산업선교 대표들의 모임인 '파이어니어'가 결성되므로 근로자들이 자신을 키우는데 도움이 될 뿐 아니라, 교회가 근로자들에 관하여 배우는데 많은 도움을 주었다.

1968 was an important year for industrial evangelism in Korea. The phrase 'industrial evangelism' was replaced by 'industrial mission'. This change reflected a fundamental shift in the role of the church in an industrial society. The concept of industrial mission as part of God's mission implied much more than individual evangelism.

The YDP–UIM's focus shifted from staff–centered work to workers and to a union–centered movement. Through education on labour law, collective bargaining, and labor dispute law, the YDP–UIM assisted union members to be union leaders. At the same time, each factory unit formed a pioneer group consisting of union representatives, which helped union members to grow and helped the church to understand the workers' situation.

노동조합간부교육 Labour Union Leaders Education

각 사업체에서 일하고 있는 산업신도들의 청지기 관념과 소명의식을 확고히 할 수 있는 일반적 교육을 진행하면서, 그 일들을 주도적으로 인도할 수 있는 간부들을 양성하기 위한 다양한 교육 프로그램이 강도 높게 진행되었다.

각 공장대표들은 산업사회, 평신도 신학, 성서의 노동관, 노동운동, 경제 문제 등에 관한 교육에 참여하였으며, 그들의 조직으로 각 공장에서 자체적으로 산업신도들이 모여 공장 내의 개인 전도활동, 단체 전도활동, 문서전도 등을 시도하였다. 또한 노동자 전체를 대상으로 각종 강좌, 좌담회, 체육회, 음악회, 예배 등을 진행하여 노동자들의 의식을 높였다. 위 사진에는 영등포교회 방지일 목사가 산업신도들에게 신앙 강좌를 하고 있다.

제 3 회

도시 산업지구 목회자 세미나

THE 3rd URBAN INDUSTRIAL
PASTORS SEMINAR

주 제

현대 사회와 목회자의 지세
PASTORS' ATTITUDE IN MODERN SOCIETY

때 : 1970. 11. 2(월) ~ 3(화)
곳 : 서울 중앙 YMCA 회관
주 최 : 영등포-도시 산업선교 연합회
후 원 .호 주 선 교 부

소모임 운동 Small Group Movement

산업전도가 산업선교로 바뀜에 따라 이전의 '프로그램 위주의 활동'에서 '운동 중심'으로 활동방식이 바뀌게 되었으며, 다양한 소모임 운동이 조직되게 되었다. 유능한 평신도 지도력이 개발되어 그들 스스로 소모임을 인도하게 하였으며, 노동현장의 문제를 스스로 해결해 나가도록 하였다.

동시에 노동조합 지원 등 노동자들의 권익을 옹호하기 위한 운동을 적극적으로 시행하였으며, 의료 복지, 공동구매조합, 주택조합, 신용협동조합 사업 등을 벌려 나갔다. 특히 신용협동조합은 노동자들의 경제적인 조직으로 재정적인 압박으로 어려움을 당하는 근로자들이 서로 도울 수 있었다. 위 사진은 여성노조원들이 모여 다양한 주제로 교육을 받고 있는 모습이다.

노동주일예배 Labour Sunday Worships

산업전도회에서 연합으로 드리는 예배는 매해 3월 노동주일예배와, 11월 감사절 예배가 있었다. 현실사회와 교회로부터 소외감을 느끼는 근로자들은 예배를 통하여 하나님께 경배하는 동시에 근로자들의 사회적 위치를 향상시켰고, 자신과 노동의 가치를 성서적 입장에서 찾게 되는 중요한 기회였다. 1965년 노동주일예배는 영등포교회에서 열렸는데 성공회의 김요한 주교가 강사로 나섰고, 필그림합창단이 성가를 하였다.

1969년 5월 19일 영등포산업선교연합회가 조직되어 초교파적으로 연대하며 예배도 함께 드렸다. 위원장으로는 예장의 유병관 목사, 총무는 감리교의 김경락 목사, 회관관리위원장은 성공회의 이천환 주교였다. 또한 노동문제 대강연회에는 김수환 추기경과 강원용 목사 등이 강사로 나섰고, 3천여 명이 참석하였다. 위 사진은 1970년의 산업인 추수감사예배로 각 사업장에서 생산한 물품들을 제단에 드린 모습으로 김경락 목사가 사회를 보고 있고, 47쪽 위 사진은 산업전도 전국지도위원회 야유회 모습이다.

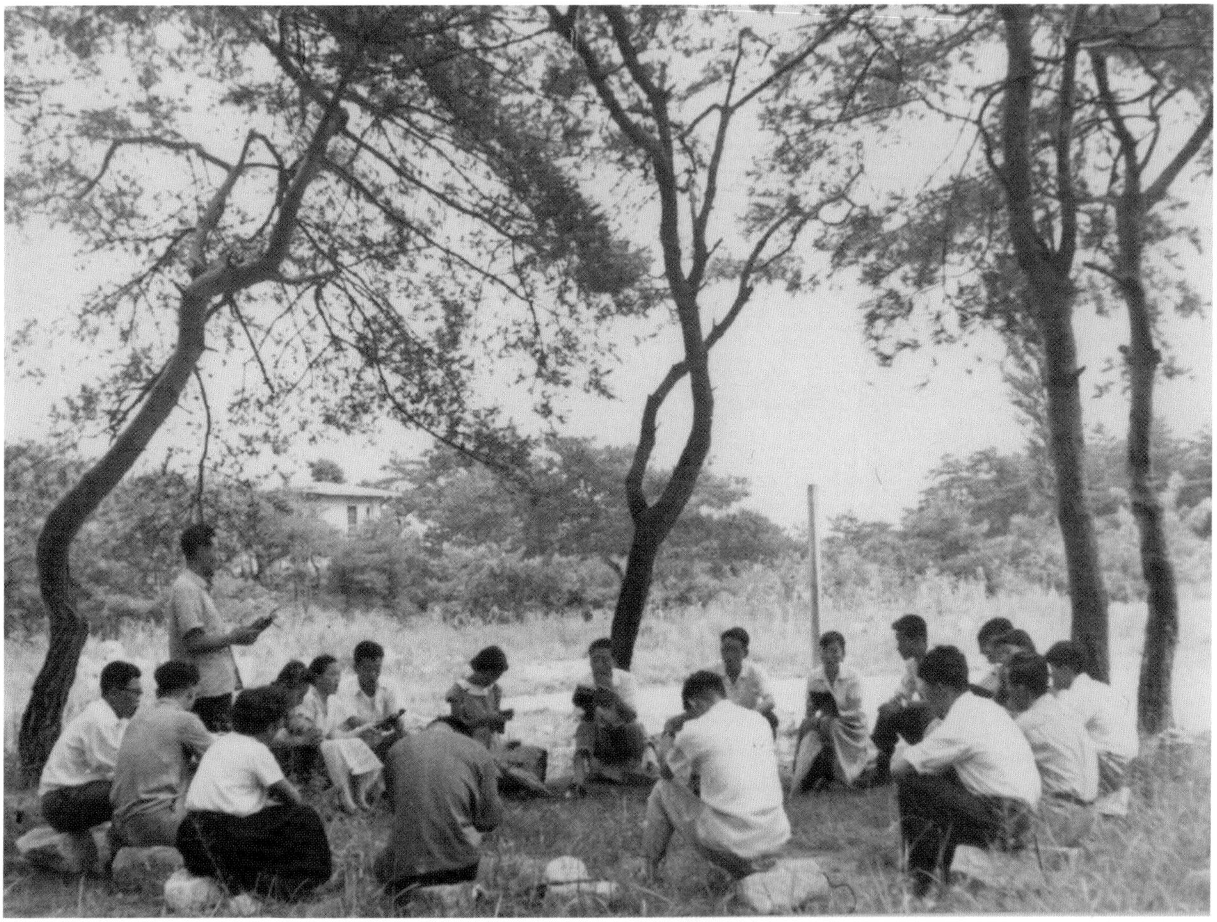

경 제13회 노동절 제8회 노동사업 경축웅변대회및노래자랑 축
주최… 영등포 도시 선교 연합회
후원… 노동청 영등포산재 사무소
YMCA 영등포 지회

노동주일축하예배
1968. 3.17

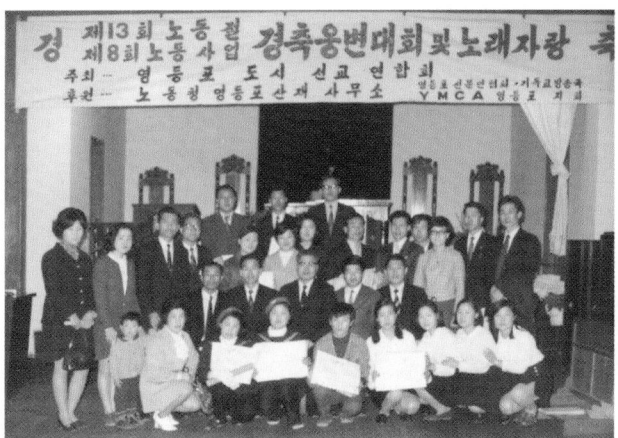

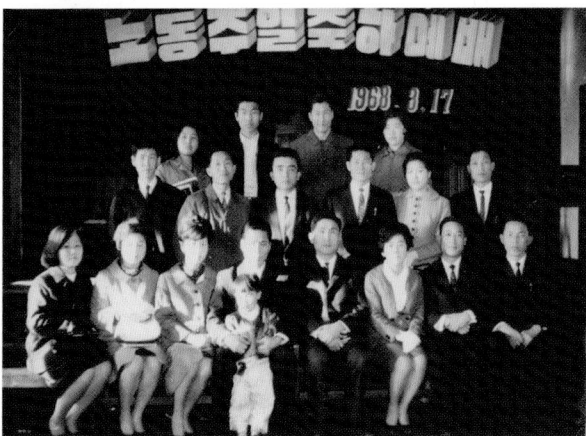

노동주일 축하예배

시 일 ～ 1968년 3월 17일 오후 3시

장 소 ～ 영등포교회

강 사 ～ 정진경 목사

합 창 ～ 숭실중학교 합창단

주 최 : 영등포 평신도산업전도연합회

후 원 : 영등포 지구산업전도위원회

산업선교 활동이 각 공장과 교회에서 활발하게 추진되어 온 결과 영등포 내의 산업선교 활동이 총회적인 범위로 확대되고 있었고, 뿐만 아니라 감리교와 성공회, 그리고 장로회 등 초 교파적인 활동으로 진행되었다.

영등포산업선교위원회는 정기적으로 모여 선교의 방향을 정하고 선교활동을 지원하였는데 당시 위원회에는 방지일, 유병관, 이정학, 오원식, 차관영, 이정규, 이성의, 장기택, 유의웅 목사 등이 봉사하였다.

한편 실무자로는 조지송, 김경락, 손풍자, 강행님, 그리고 우택인 호주선교동역자, 함부만 미장로교 선교동역자 등이 있었다.

위 사진은 영등포산업선교위원회의 회의 모습으로 이정학 목사가 회의를 진행하고 있다.

영등포산업선교회

Yeong Deung Po Urban Industrial Mission

1958-2018

소그룹운동으로서의 도시산업선교
Urban Industrial Mission as Cell Group Movement

1972-1977

1970년 대 초에 들어와 정부는 국가보위에 관한 특별조치법을 선포하였고, 노동 3권중 단체교섭권과 단체행동권을 제한하는 조치를 하였다. 또한 1972년에는 계엄을 선포하고 국회를 해산한 후 유신헌법을 제정하고 군사 일인독재체재에 돌입하므로, 산업선교와 함께 일해 오던 교회와 노조 상층부는 정부의 감시가 두려워 산업선교와 관계를 멀리하게 되었다.

그러나 이 시기부터 본격적인 의미에서의 영등포산업선교 활동이 전개 되었는데, 이른바 '소그룹 운동'을 통한 의식화 활동이었다. '소수의 간부 지도자' 중심의 활동에서 '밑바닥의 노동자'로, '훈련과 교육'이란 방법에서 '의식화 작업'으로 그 내용이 바뀌게 된 것이다.

또한 노동자 성서연구와 예배, 노동자 그룹활동, 노동자들의 근로조건 개선을 위한 활동, 그리고 협동조합운동과 의료활동 등의 복지활동이 정부의 탄압과 방해, 교회 내적인 오해와 불신 등 여러 어려움 속에서도 활발하게 전개되었다.

In the early 1970's, the government introduced a special law that limited rights to collective bargaining and collective action. Furthermore in 1972, martial law was proclaimed, the parliament was dissolved, and the military dictatorship was consolidated. Many churches and union leaders took a step back from industrial mission out of fear.

In this harsh environment, the work of the YDP–UIM became more important and one of the main ways to continue the work was through setting up many cell groups for conscientization. There was a shift from a small number of leaders to grassroots workers.

Amidst government persecution and tension in the church, cooperatives, welfare and medical activities for workers were a vital part of the work of the UIM. Bible studies, worship and small group meetings were also maintained.

탄압받는 직원들 Staff Members under Oppression

인명진 목사는 산업선교 훈련을 시작한 1972년부터 영등포산업선교회에서 사역을 하기 시작하였다. 그는 정부의 탄압이 극에 달할 때 수배, 체포, 조사, 구금 등의 탄압을 받았고 총 4차례 3년여의 감옥 생활을 하였는데, 그로인하여 노동자의 벗이라는 친근한 별명을 얻기도 하였다. 또한 청주의 한 교회 예배에서 성경의 미가서 2장 1절을 읽었다는 이유로 체포되어 구속이 되는 사건이 있었는데, 이로 인하여 전 세계교회들의 항의가 한국정부에 빗발치기도 하였다. 당시 실무자로 있던 조지송, 인명진, 강행님, 지신영, 명노선, 신철영, 송진섭 등이 있었고, 산업선교에 대한 정부, 언론, 교회의 온갖 흑색선전과 왜곡보도의 암흑기에 세계교회의 주목을 받으며 노동자들과의 가장 깊은 신뢰와 연대를 이루었다.

55쪽 위의 사진에는 인명진 목사와 조지송 목사가 공장을 방문하여 노동자들과 대화를 나누고 있고, 아래의 왼쪽 사진은 인 목사가 감옥에 수감되었을 때 수의를 입고 있는 모습입니다.

협동조합운동 Co-operative Community Movement

영등포산업선교회의 신용협동운동, 소비협동운동, 그리고 의료협동운동은 그 역사와 뿌리가 깊다. 노동자들을 위한 신용협동조합은 1969년 설립되었고, 1972년 대한민국 신용조합 1호 '영등포산업개발 신용협동조합'으로 재무부 정식 인가를 받게 된다. 그 다음 해 조합원이 700명으로 확대되었고, 1,700만원의 자산으로 모범적인 조합이 되었다.

방세를 구하지 못하여 어려움을 당하는 많은 노동자들과 병든 가족의 치료비 보조 등 실질적인 혜택을 노동자들에게 주어 왔으며, 1974년 재무부장관 표창까지 받았다. 그러나 정부의 노동운동 탄압이 본격화 되면서 재무부의 부당한 감사와 함께 조합원명부를 제출하라는 압박에 1978년 자진탈퇴의 형식으로 해산하게 된다. 위 사진은 신용협동조합원의 체육대회 모습으로 조합원들이 운동장에서 함께 노래를 부르며 응원하고 있다.

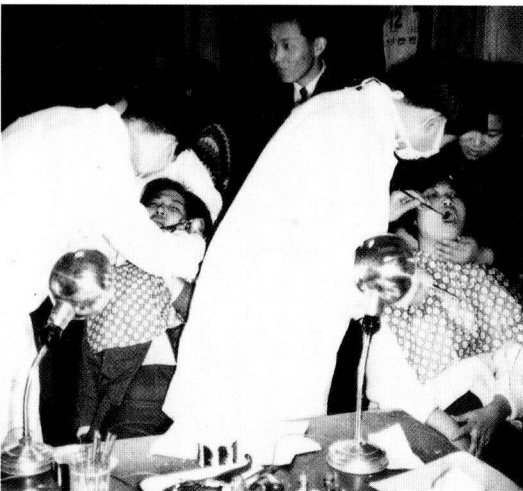

교육과 강습 Various Classes and Programs

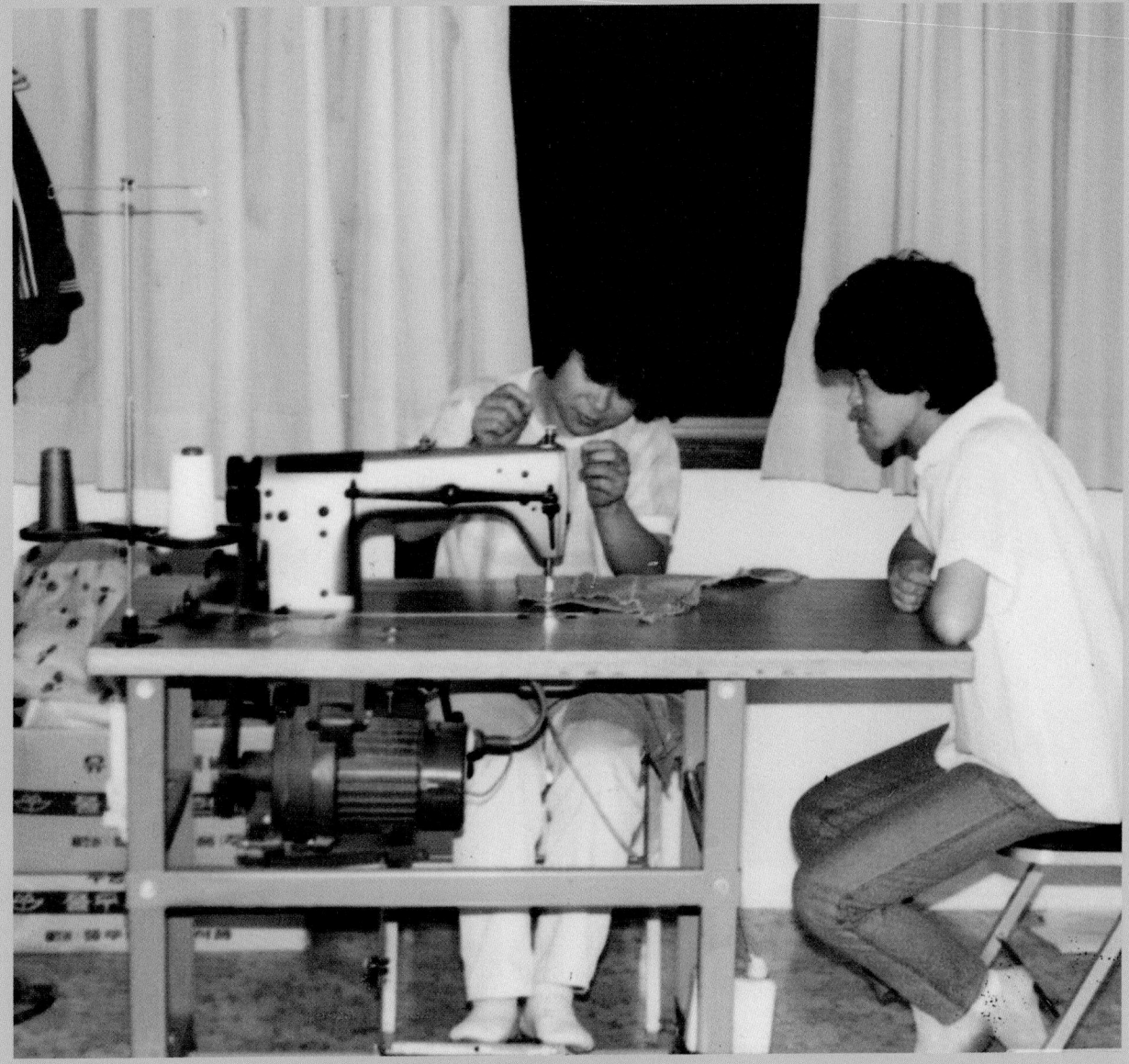

1972년 말부터 계엄사령부는 노동조합 간부교육 등 집회 허가를 내주지 않기 시작하였다. 그러자 이미 노동자들을 위하여 운영되어 오던 뜨개질, 요리강습, 완구만들기, 조화 공예 등의 취미 교양 중심의 소그룹 활동을 '의식화 운동'의 기본조직으로 발전시키게 된다.

이 당시 소그룹활동이 얼마나 활발히 진행되었는지 1973년에만 하더라도 1,648회의 소그룹 모임이 있었고, 참가인원은 11,536명에 달하였다. 위 사진은 재봉기술을 배우려는 한 노동자가 숙련자의 지도하에 재봉 실습을 하고 있다.

호주선교동역자 Mission Co-worker from Australia

1976년에는 호주에서 스티븐 라벤더(한국명: 라병도)가 선교동역자로 부임하였다. 그는 영등포산업선교회에 찾아오는 노동자들과 교제하며 한국의 노동현실에 대하여 알기 시작하면서, 소그룹운동에 참여하였다.

스티븐은 특히 외국인 소유 회사의 노동자들과 함께 일하며 그 회사에 속한 나라에 노동자들의 곤경을 알리면서 한국의 산업선교를 해외의 단체들과 연결시켰다. 그의 이러한 노동운동 참여로 한국 정부는 후에 그의 비자 갱신을 거부하였고, 한국을 떠나도록 명령받아 추방되었다. 위 사진은 스티브 라벤더와 노동자들이 산에서 즐거운 한때를 보내고 있고, 63쪽 사진은 추방당한 후 일본에서 기자회견을 하고 있는 모습이다.

영등포산업선교회

Yeong Deung Po Urban Industrial Mission

1958-2018

4기

도시산업선교에 대한 탄압과 수호 및 기독노동자운동출범
Solidarity for Urban Industrial Mission and Birth of Christian Labour Movement

1978-1987

유신정권이 종말을 고하고 5공화국이 들어서는 이 시기는 한국현대사에 있어서 엄청난 시련과 혼란의 시기였다. 정부의 집중적인 탄압은 민주화세력과 영등포산업선교회의 활동을 마비시켰으며, 처음부터 다시 시작하지 않으면 안 될 지경에까지 이르렀다.

정부와 언론의 상상을 초월하는 공격, 그리고 교회 내적인 도전과 억압속에서 영등포산업선교회는 총회와 한국기독교교회협의회 및 세계교회들과 연대하여 탄압에 대응하는 한편, 산업선교신학을 정립해 나감으로써 신학적, 역사적 정당성을 확립시켰다. 이 시기에 영등포산업선교회는 성문밖공동체 운동을 전개하였고, 또한 '기독노동운동'의 지평을 열어 나갔다.

이로서 본 선교회는 한층 더 깊은 노동자들의 신뢰와 사랑을 받으며 산업선교운동의 새로운 지평을 열어 나갔다.

During this period, the military regime was toppled and Korean society faced many hurdles and a great deal of confusion. The intense political oppression that democracy groups and the YDP–UIM had suffered almost ended the organization, and it had to be started again from scratch.

The propaganda and oppression of the government and the press was beyond imagination. The YDP–UIM extended solidarity with liberal churches in and outside of Korea and began to reflect upon the situation in a theological way. It worked to establish a historical justification for its existence. A movement based on the idea that Jesus could be found 'Outside the gate' in the suffering of the people was introduced. This was a way that Christian groups could contribute to the labour movement. For this reason, YDP–UIM was loved and trusted by workers and it initiated a new horizon for the industrial mission movement.

시위와 투쟁 Street Demonstration and Struggle

당시 영등포산업선교회관은 노동과 민주화운동을 위한 시위와 투쟁의 성지가 되었다. 1970년대 영등포산업선교회의 의식화 작업 결과로 강력한 노동운동이 시작되었는데, 점차 군부독재의 경제개발 정책에 대한 도전으로 발전하였다. 근로개선을 위한 투쟁을 넘어 결국은 군사독재 종식을 위한 민주화 투쟁과 결합하게 된 것이다.

각 종 연대투쟁과 반정부 시위가 영등포산업선교회관에서 있었으며, 많은 민주화 인사들과 노동운동가들이 연단에 서서 구호를 외치거나 강연을 하다가 연행되기도 하였다. 무시할 수 없는 정치적 영향력을 가진 영등포산업선교회로 등장하게 된 것이다. 위 사진은 영등포산업선교회관 내의 강당에서 1987년에 열린 노동자 결의대회 모습이다. 〈66쪽~68쪽 사진제공: 민주화운동기념사업회, 김용수〉

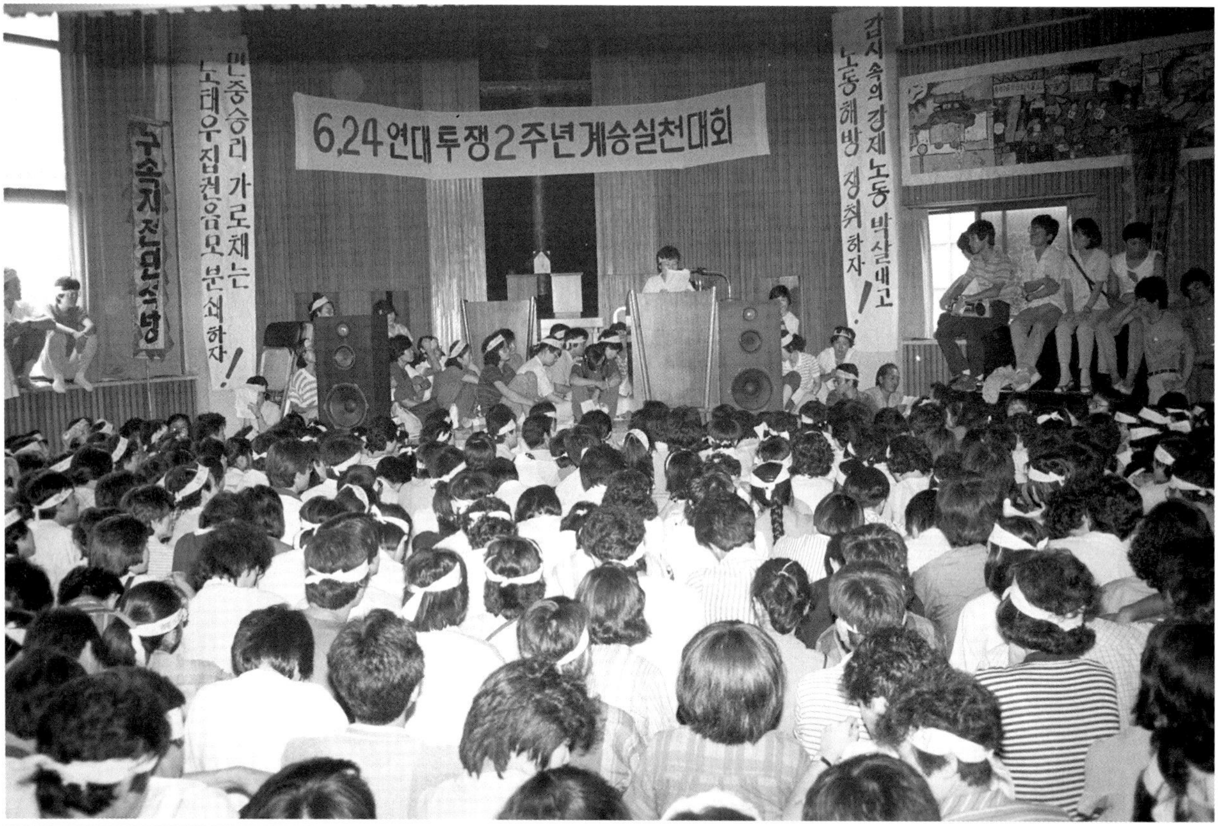

감시받는 노동자와 직원들 Workers and Staff under Surveillance

영등포산업선교회 회관은 당시 많은 노동단체와 민주운동 단체들이 모여 시위할 수 있는 공간이었다. '산업선교회관에서만 모일 수 있다'라는 말을 할 정도로 그 만큼 수많은 사람들이 모여 정보를 공유하고 연대를 하며 문화 활동을 하였다. 회관 밖 건너편에 현대장이라는 숙박업소가 있었는데 이곳에 사복경찰과 경찰들이 상주하며 회관에 드나드는 사람들을 감시하고 있었다.

영등포산업선교회에서 모임이나 시위가 진행되면 경찰들이 길을 막아 진입을 차단하기도 하고, 때로 충돌이 생겨 노동자들이나 실무자들이 부상을 당하기도 하였다. 위 사진은 회관 밖 거리에서 경찰과 형사들이 노동자와 직원들을 감시하며 사진을 찍고 있다.

해태제과 노동조합원 투쟁 Struggle of Haetae Labour Union

1970년대 영등포산업선교회가 주도한 노동투쟁 중에 남영나일론 노동조합 투쟁, 방림방적 체불임금투쟁, 대한모방 강제예배 반대투쟁 등이 있다. 그 중 빼놓을 수 없는 것이 해태제과의 노동 8시간 쟁취 투쟁이다. 이 투쟁은 당시 전체 노동운동 중에서도 대표적으로 손꼽히는 모범적인 사례이기도 하다.

영등포산업선교회는 60년대 말부터 실무자가 그 회사에 초청되어 교양강좌 등을 지도한 인연으로 계속 관계를 가져왔고, 1975년 이후 활발한 그룹 활동을 하고 있었다. 해태제과는 도급제 등의 어려운 문제가 있었으나 가장 심각한 문제는 12시간 2부제의 장시간의 노동이었다. 영등포산업선교회는 근로자들과 더불어 8시간제 노동운동을 벌였는데, 이 과정에서 주동자들이 해고되기도 하였다. 투쟁은 8개월 동안 계속되었고 결국 8시간 노동제를 쟁취하여 한국노동운동사에 빛나는 한 페이지를 장식하였다. 위 사진은 영등포산업회관 옥상에서 노동자들이 구호를 외치며 투쟁하는 모습으로 각종 구호들이 건물에 걸려 있다.

석방기도회와 산업선교수호 Prayer Meetings for Arrested

영등포산업선교회의 소그룹운동을 통한 노동자 의식화와 근로개선 투쟁은 점차 군부독재의 경제개발정책에 대한 도전으로 발전하였으며, 반정부적 민주화투쟁과 결합하였다.

영등포산업선교회 회관 앞에 있던 현대장 여관에는 사복경찰들이 상주하며 많은 노동자들과 실무자들을 감시하였으며, 때로 경찰들의 무단 침입과 수색이 있었다. 1986년 6월 11일에는 경찰의 수색 조치에 항의 '선교탄압저지 및 노동운동 탄압기도회'를 갖고 "경찰의 수색은 민중, 민족운동과 선교활동에 대한 노골적인 탄압"이라고 규탄하고, 구속노동자 석방, 노동운동에 대한 고문, 탄압과 용공조작 금지, 군부독재 타도 등을 요구하였다.

오재헌, 이옥순, 김미순, 김금순, 김석자, 한명희, 김동현, 이우승, 장옥수, 이문재, 안경환, 추재숙 등 숱한 노동자들이 구류를 살거나 구속, 수배되기도 하였고, 이근복, 송진섭, 신철영과 같은 영등포산업선교회 실무자도 포함되었다. 위 사진은 1981년 민주노동연맹사건 관련으로 구속된 신철영 실무자와 가족을 위한 기도회 모습이고, 76쪽 아래 사진은 〈제공: 민주화운동기념사업회. 김용수〉 명동성당에서 열린 집회로 배경에 '이근복 목사와 신철영 간사를 석방하라'는 현수막이 보인다.

성문밖운동 Outside the Gate Movement

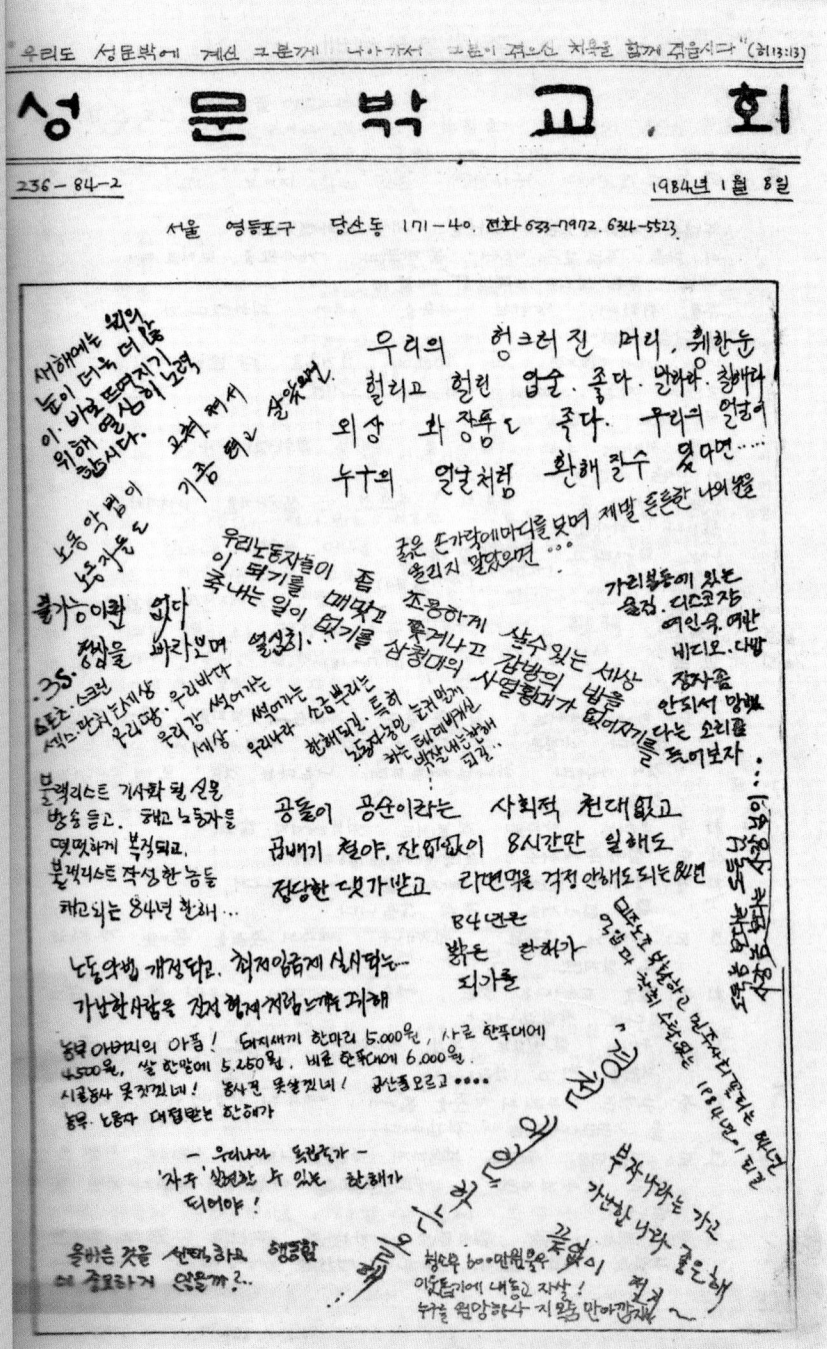

성문밖교회는 영등포노동교회라는 이름으로 1977년 당산동장로교회에서 첫 예배를 드리므로 창립되었고, 1983년 성문밖교회로 개명하였다. 기독교의 두 측면인 영성과 사회참여를 조화시키려는 노력에서 비롯된 교회공동체는, 당시 정부의 극심한 탄압 속에 소그룹 운동이 점점 어려워지자 노동자들이 교회 안으로 들어오게 되었다.

특히 영등포산업선교회의 조직적 근간인 원풍모방 노조가 파괴되자 20여개의 소그룹과 민주노조 그리고 노동교회는 비밀리에 만날 수밖에 없었다. 교회라는 울타리 안에서 비교적 안전하게 프로그램을 계속할 수 있었는데 70년대 왕성한 활동을 펼쳤던 소모임들을 '구역'으로 재편하고 예배, 성경공부, 신용조합 활동, 의료서비스, 한울안 운동, 탈춤과 노동가요 활동, 노동문제 상담, 신문 읽기반, 야학, 영화상영 등을 운영하였다. 특히 당시 성문밖교회 주보는 암울했던 그 시절 귀중한 노동소식지로 자리매김을 하였다. 왼쪽 사진은 1984년 1월 8일자 성문밖교회 주보 전면으로 노동자들의 기도와 희망이 담겨져 있고, 80쪽 위 사진에는 조지송, 인명진, 이근복 목사가 성찬식을 집례하고 있다.

그는 실로 우리의 질고를 지고 우리의 슬픔을 당하였거늘 〈이사야 53:4〉

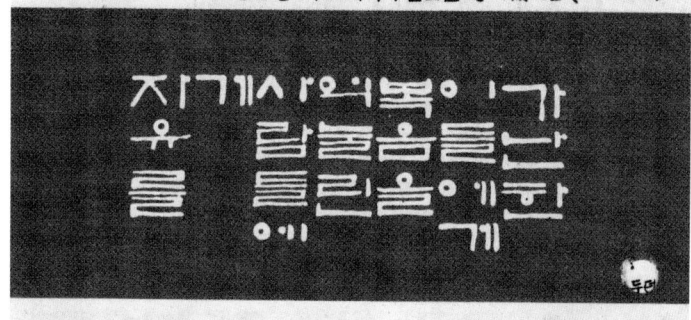

제 30 호   1980. 2. 3. 오전 11시

영등포노동교회

서울특별시 영등포구 당산동 171 – 40
전화 : 63 – 7972, 64 – 5523

4기_도시산업선교에 대한 탄압과 수호 및 기독노동자운동출범

노동절모임과 예배 Labour Day and Worships

세계노동절 기념예배는 우리 사회의 약자와 노동자들을 위한 예배로 기독노동자로서의 정체성과 노동자의 권리가 보장되는 법과 제도의 실현을 기도하는 모임이었다. 이날 가족과 쉬면서 하루를 보낼 수 있는 것도 자본가들이 베풀어준 은혜가 아니라 하나님이 주신 인간의 보편적인 권리를 인정받는 날이자 투쟁으로 쟁취한 결과물이기도 하였다.

수많은 노동자단체들이 영등포산업선교회에서 함께 예배도 드리고 다양한 문화행사를 가지므로 노동자로서의 자부심과 정체성을 확립하고 상호 연대하는 중요한 날이었다. 위 사진은 1985년 총회 노동주일을 기념하여 양평동교회에서 예배드리는 모습이다.

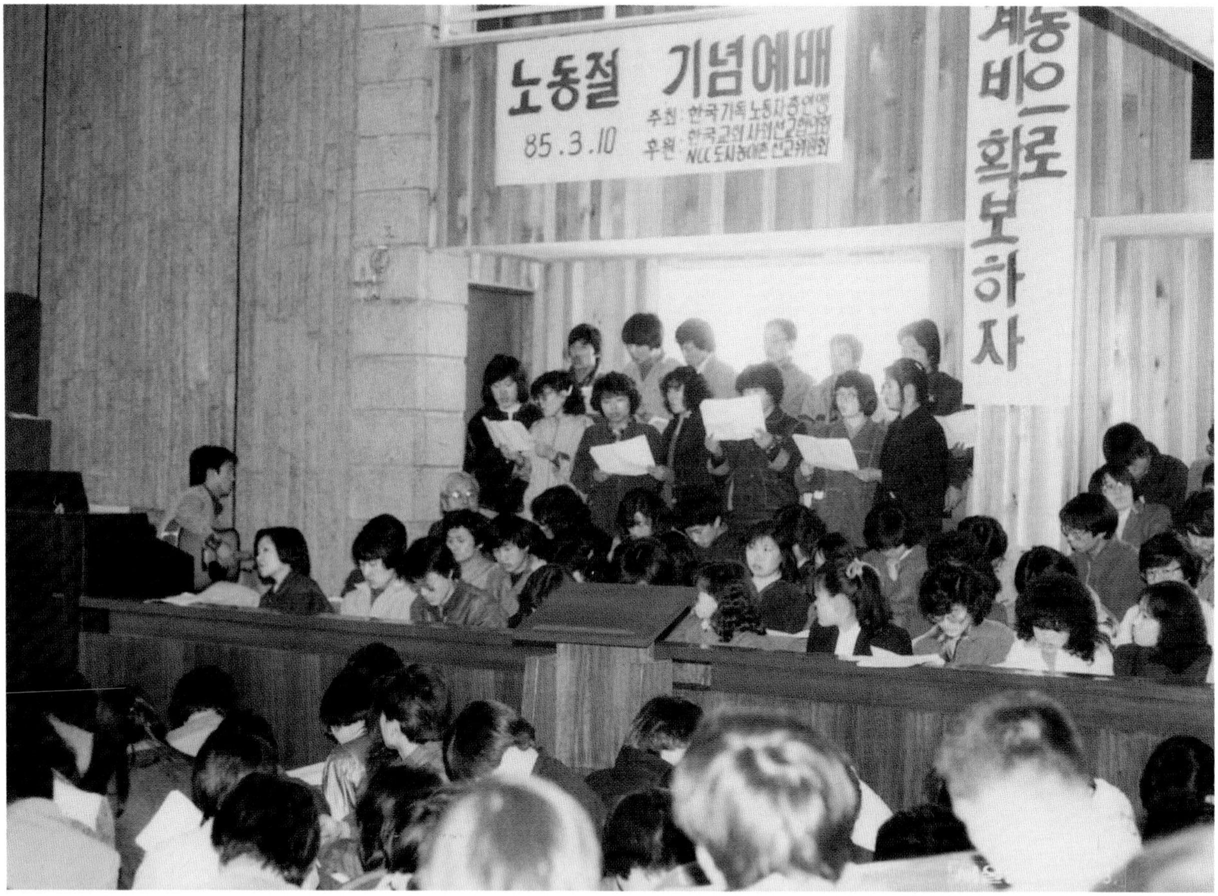
노동절 기념예배
85.3.10

민족통일방해하는군부독재타도
노동자를탄압하는삼반세력타도
노동자만세

일방해하는군부독재
탄압하는삼반세력타도하자
86 6 15

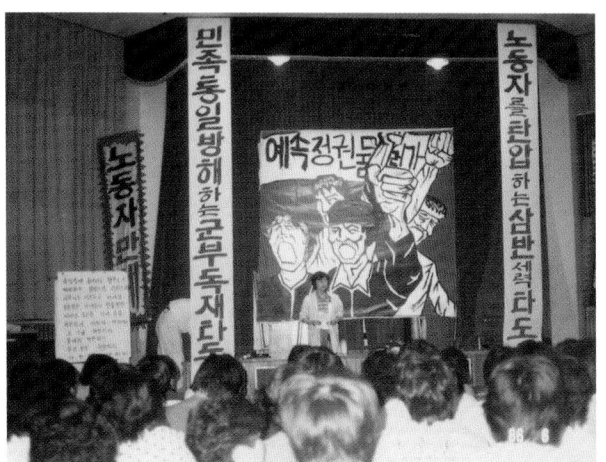

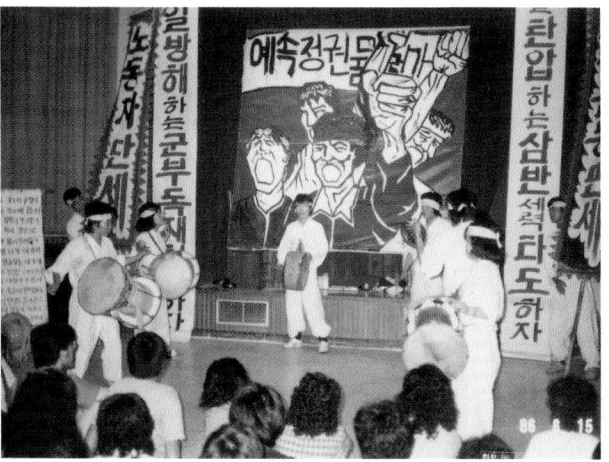

회관 건립 Opening of Urban Industrial Mission Centre

영등포산업선교회는 1978년 회관 건축을 시작하여 1981년 지하 1층과 지상 3층의 건물로 완공 되는데, 본 회관은 후에 많은 노동자들의 집회와 소그룹 모임의 장소가 되었고, 성문밖교회의 예배 장소가 되었다. 건축비용은 독일정부, 독일교회, 미국 연합장로교회, 영락교회가 후원하고 그리고 노동자들의 헌금으로 지어지게 된다.

특히 영등포산업선교회가 실시한 산업선교 실무자훈련은 산업선교에 복무할 목회자를 훈련시키기 위하여 1984년 시작되었다. 이후 이 훈련과정은 대한예수교장로회 총회 민중교회 목회자들을 훈련시키는 코스가 되었고, 민중교회의 출발을 알리는 계기가 된다.

위 사진은 한국교회산업선교 25주년을 맞이하여 영등포산업선교회관에서 기념대회를 개최하는 장면이다.

총회와 한국교회사회선교협의회 The General Assembly and Ecumenical Groups

대한예수교장로회 총회는 7, 80년대의 산업선교 활동의 든든한 지지자이자 후원자였다. 총회는 고비 고비마다 산업선교에 대한 결의 및 선언으로 노동선교를 지원하였으며, 대한모방, 방림방적, 남영나일론, 해태제과 노동자들의 투쟁에 많은 교회들이 적극 참여하고 지지하였다.

반면에 교회 안의 일부 기업주 중심으로 한 장로들 중에 반대하는 세력이 있었으며, 1978년 영락교회의 영등포산업선교회 재정지원을 중단하면서 노골화되기도 하였다.

한편 1960년대 말부터 노동문제에 관심을 갖고 실천해 오던 신구교 단체들로 시작하여 활동을 해 오던 연합활동이, 1971년에 '한국도시산업선교연합회'로 통합하여 투쟁을 해 왔다. 그러던 중 신구교가 연합하여 한국교회사회선교협의회가 1976년에 결성되었다. 그 후 1989년에는 '한국기독교사회운동연합'이 조직되어 연대활동을 하게 된다. 아래 사진은 한국교회 사회선교협의회 주관으로 드린 구속자들을 위한 기도회이며, 89쪽 사진에는 문익환 목사, 김동완 목사, 박형규 목사, 권호경 목사, 조화순 목사 등이 보인다.

영등포산업선교회

Yeong Deung Po Urban Industrial Mission

1958-2018

노동운동 지원체, 기독노동운동체로서의 도시산업선교

Urban Industrial Mission as Christian Labour Movement

1988-1995

1987년 노동자 대투쟁은 전체 노동운동에 지각변동을 가져 왔다. 노동조합이라는 노동자 대중운동이 전면화, 본격화됨으로써 모든 노동운동 단체들은 자신들의 지위와 역할을 명확히 설정하지 않으면 안 되었다.

이러한 변화된 상황 속에서 영등포산업선교회는 활발해진 노동조합운동을 전문적으로 지원하는 활동을 펴는 한편, 노동자들을 위한 다양한 교양, 문화 활동을 진행하였다. 또한 그동안 전개해 온 성문밖공동체 운동을 더욱 강화하여 기독노동선교공동체로서의 정체성을 분명히 하고 기독노동운동과 민중교회운동을 발전시키기 위하여 노력하였다.

The great workers' struggle in 1987 brought about colossal change in the labour movement as whole. As the labour union movement became fully established, most labour organizations had to re-negotiate their identities. In this changed situation, the role of the YDP-UIM was more to support the labour unions through organizing a variety of cultural and educational programs. At the same time, as the 'Outside the gate' movement developed, the Christian identity of the YDP-UIM became more defined. As a result, the Christian labour movement and Minjung church movement played a more significant role.

노동자학교 School for Workers

노동자학교는 당시 노동운동의 당면과제로 제기되는 노동자의 정치 진출을 하기 위하여 자주, 민주, 통일을 중심으로 노동자들을 정치적으로 의식화하는 교육으로 진행되었다.

노동자학교는 주로 조직노동자(노조, 야학, 단체)를 대상으로 모집하여 진행하였는데 강의, 토론, 시사해설, 현장교육, 투쟁참가, 졸업여행 등의 다양한 방식이 동원된 학교식 교육이었다. 본 교육에 참가하였던 노동자 학생들이 상당히 큰 의식의 변화와 발전을 이루어 자주, 민주, 통일에 대한 학교식 교육의 우월성을 입증하였다. 아래 사진은 노동자학교 학생들의 현장교육이나 모임 시에 걸어 놓았던 노동자학교 깃발이다.

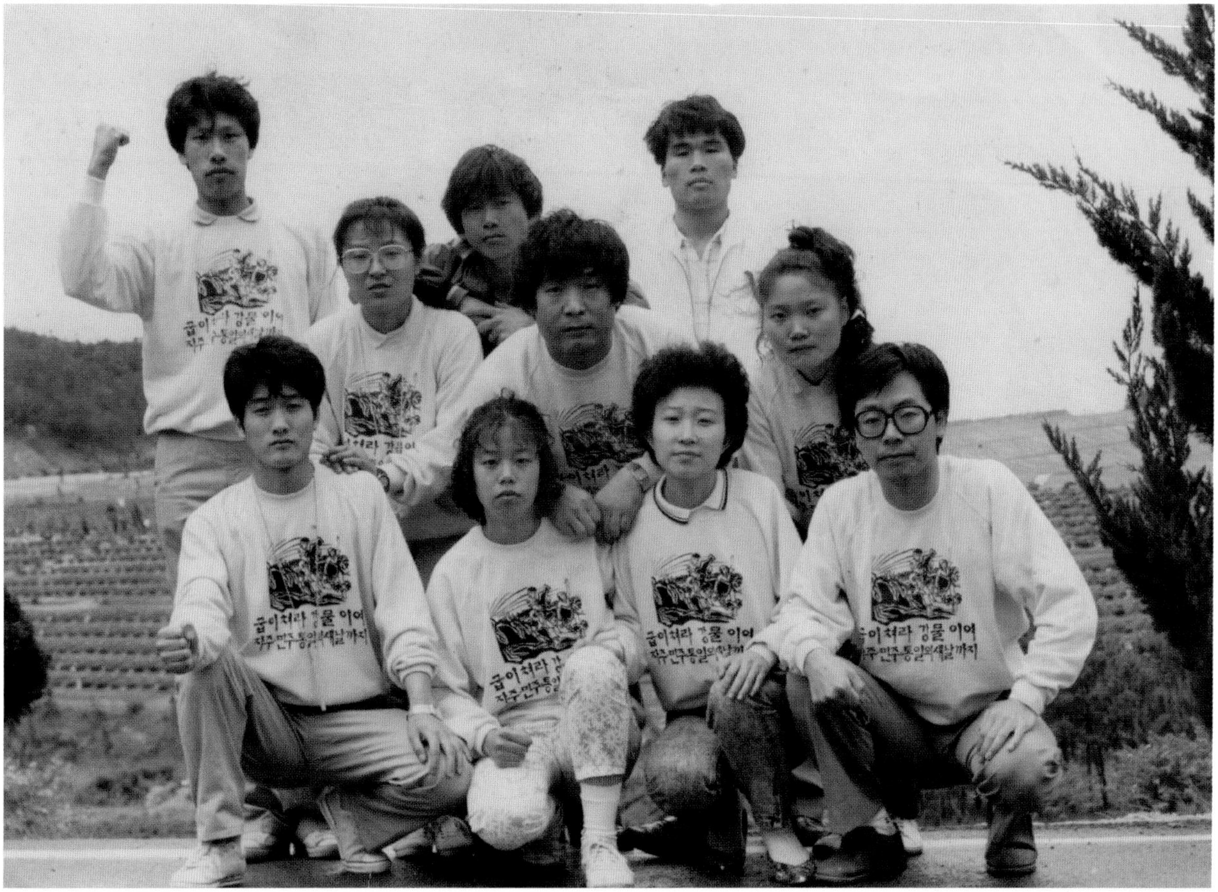
굽이쳐라 강물 이어
자주 민주 통일의 새날까지

제2기

제6기
노동자학교

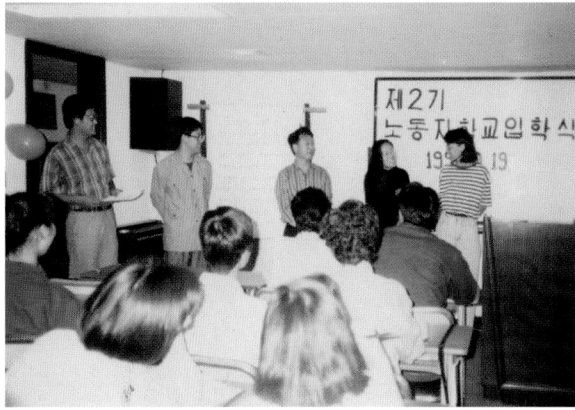

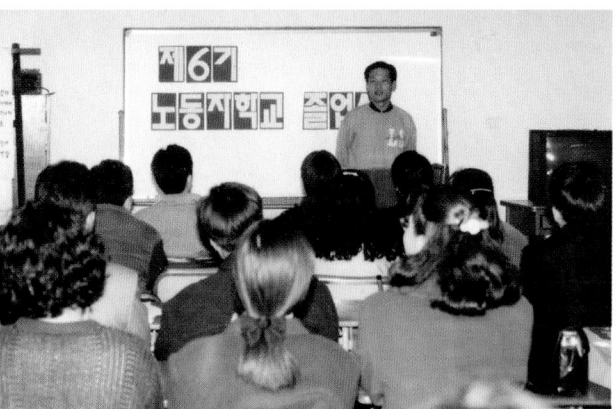

영등포산업선교회는 노조지원 사업으로 노동조합 간부들을 대상으로 교양사업을 벌였다. 노동조합교실은 현장 조직력 강화와 현장 문제를 주체적으로 해결할 수 있도록 돕기 위한 학습장이었으며, 노동교실은 노조민주화 투쟁을 위한 원칙과 방도, 투쟁사례, 선거투쟁, 노동법 해석 등을 주로 다루어 노동자들이 노동조합운동의 방향과 역할을 자각하는 모임이었다.
위 사진은 일하는 예수회와 영등포산업선교회가 공동으로 주최한 1998년 1회 노동교실이다.

노조교육활동 Labour Union Activities

당시 노총과 산업별 노조 등이 어용화되고 무력화 되었을 때 노동대중을 의식화, 조직화하여 민주노조를 확립하는데 온 힘을 기울이며, 강한 연대로 민주 노동조합운동의 일익을 담당하였다.

다양한 교육프로그램을 통하여 노동자들에게 노동운동의 중요성을 인식시켰고, 근로조건 개선을 이루었다. 민주노조 운동은 자연발생적이고 고립분산적인 노동운동을 극복하는데 기여하게 되었다. 이러한 노력으로 노동운동에 대한 관심이 증대하였고, 많은 학생출신의 활동가들이 노동현장으로 들어가는 계기가 되었다. 영등포산업선교회는 노동운동 전문지원체로 노조지도자 교육과 훈련을 지속할 수 있는 전문 역량을 확보하고 있었다. 위 사진은 산업별 노동조합 간부교육으로 민주노조발전을 위한 훈련장면이다.

노동자한마당 Cultural Celebrations

이 시기 영등포산업선교회의 노동자 문화활동이 왕성하게 진행되었는데, '말뚝이'와 같은 풍물패, '일꾼'과 같은 노래패가 노동자 문화 자치회를 형성하였다. 노동자 문화한마당 같은 문화 행사는 지역 문화운동을 활성화 하고 노동자 문화 운동 역량을 배출하는데 기여하였다.

1989년 6월 11일에 열린 노동자 문화 한마당은 다음과 같이 쓰고 있다. "풍물과 노래에 관심이 많은 친구들이 모여 그것을 무기로 하여 노동해방의 세상을 향해 나아가고자 하는 모임입니다. 거꾸로 된 세상을 바로 잡고 자신들의 이익을 위해 퍼뜨리는 그들의 문화에 대항하여 그 누구보다도 앞장서서 풍물과 노래를 무기로 싸워 나아가고자 하는 모임인 것입니다."

위 사진은 노동자들이 영등포산업선교회관에서 문화행사를 진행하고 있는 모습이다.

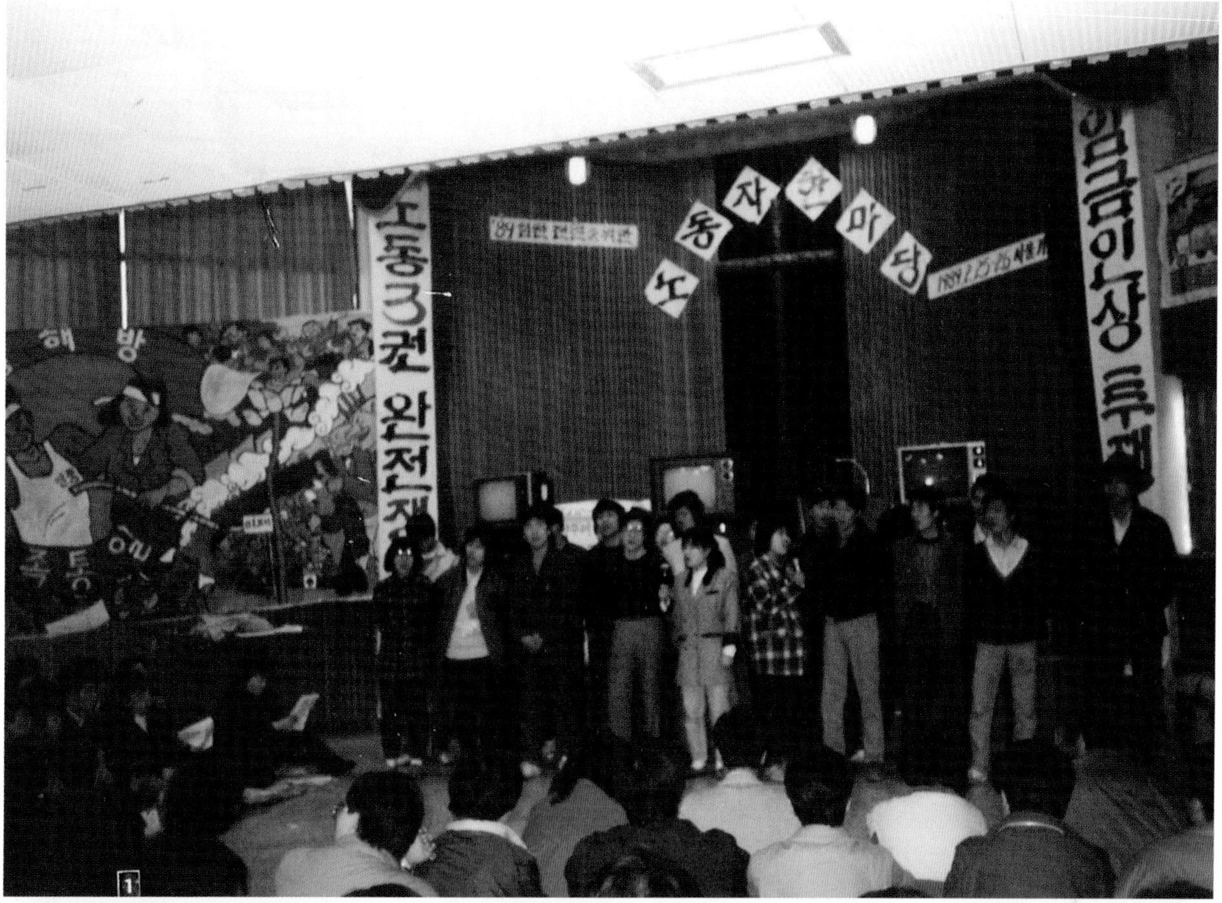
노동3권 완전쟁
노동자한마당
임금인상투쟁
해방

영등포
산업선교회
35주년
기념예배및
노동자
문화한마당
93.12.5.

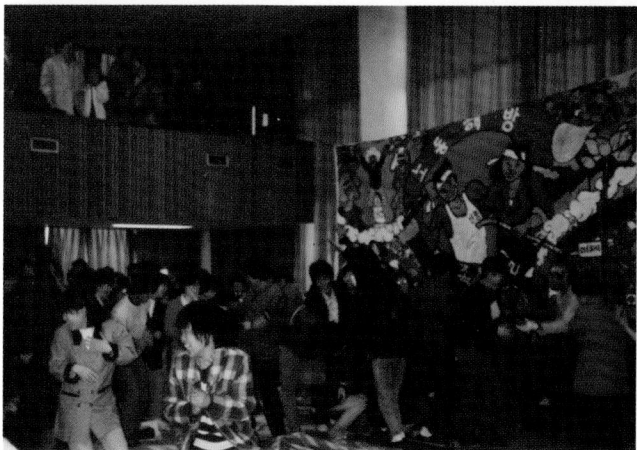

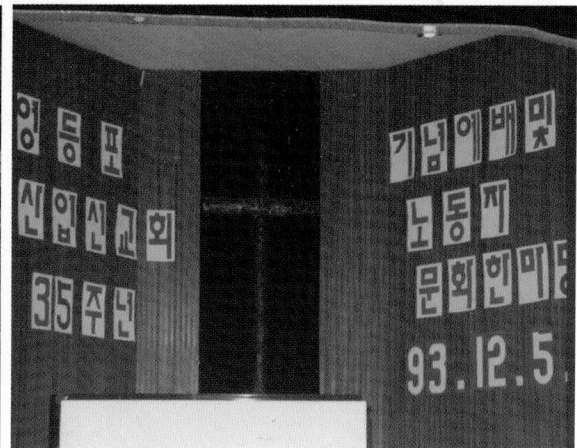

푸른공동체 The Green Communities

푸른공동체는 1987년 기획되어 1990년 6기까지 진행되었다. 영등포산업선교회의 노동자 기초교양 프로그램으로서의 푸른공동체는 후에 풍물패와 노래패로 진행되다가 1993년 교양문화학교로 이어진다.

푸른공동체의 교육내용은 공동체놀이와 인간관계 훈련을 통한 애정형성, 야유회와 수련회 등 집체활동을 통한 조직화 훈련, 근로기준법, 산재, 노동조합 교육을 통한 권리의식 고양, 임금과 한국 경제교육을 통한 사회 문제 인식, 그리고 근현대사 교육을 통한 민족자주의식 인식 등이었다. 위 사진은 푸른공동체 입학식에 참여한 학생들이 율동을 하며 노래를 부르고 있으며, 105쪽 아래 사진에는 교양문화학교 졸업식에서 손은하 총무가 말씀을 전하고 있다.

기독노동자운동 Christian Labour Movement

기독노동운동이란 "교회 다니는 기독노동자들이 자신의 신앙적 결단을 통하여 이 땅에 하나님 나라를 건설하고자 노력하는 기독노동자들의 자주적인 운동이다." 즉 교회에서는 노동자야학과 산업전도부를 조직하였고, 영등포산업선교회 노동자들과 민중교회에 소속된 노동자 및 산업전도부 청년들이 연대하여 한국기독노동자총연맹을 결성하였다.

이 시기에 발전한 민중교회들은 기독노동운동의 매우 중요한 대중적 기초가 되었으며, 이것은 전국적으로 결합하여 한국민중교회연합이 1989년 결성되기에 이른다. 위 사진은 한국기독교교회협의회가 주최하는 민중선교 정책협의회로 참가자들이 드라마를 통하여 일치를 외치고 있다.

1980년대 중반부터 실무자로 이근복, 유구영, 한명희, 송진섭, 신철영, 진방주, 조남웅, 민은영, 장창원 등이 일하였으며, 그 중 이근복, 신철영 등은 체포 구속되기도 하고, 진방주는 경찰이 쏜 최루탄을 맞아 병원에 입원하기도 하였다.

호주선교동역자로는 토니 도슨, 임경란, 데비 카슨, 엘렌 그린버그 등이 협력하였다.

한편 영등포산업선교회를 위하여 많은 한국과 세계교회의 지도자들이 지원하였는데 그 중 민중신학자 김용복 박사, 아시아 교회협의회의 박상증 박사, 안재웅 박사, 세계교회협의회 오재식 박사, 해외에서는 호주의 존 브라운 목사와 독일의 게할트 프릿츠 목사 등이 있었다. 위 사진은 왼쪽부터 김용복 박사, 조지송 목사, 오재식 박사이다. 109쪽 위 사진에는 엘렌 그린버그(한국명: 송영진) 선교사가 있고, 110쪽 아래 사진에 임경란 선교사와 토니 도슨(한국명: 안도선) 선교사가 보이고, 111쪽 위 오른쪽에는 데비 카슨 (한국명: 차민희) 선교사가 있다.

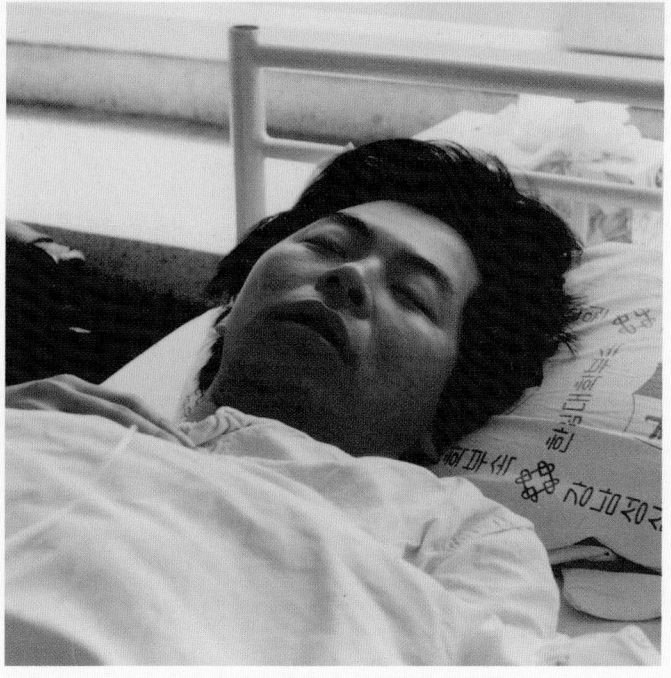

영등포산업선교회

Yeong Deung Po Urban Industrial Mission

1958-2018

신자유주의, 양극화를 넘어서기 위한
노동과 협동공동체운동
Co-operative Community Movement for Overcoming Neoliberalism and Polarization
1996-2013

신자유주의 세계화에 따른 IMF위기는 한국경제의 파탄을 가져오게 되었다. 이에 따라 도시노숙인의 새로운 등장에 따라 그들과 함께하는 '희망을 실천하는 사랑방'을 출발로 노숙인 선교를 위한 주간 편의시설 햇살보금자리를 개소하였다. 상생과 협동을 위한 '서로살림 생활협동조합'을 시작하였으며 '서울의료생협'을 창립하여 활발한 운동을 진행하였다.

성문밖교회가 2002년 영등포노회의 지교회로 가입함으로써 영등포산업선교회와 분리가 되어 선교기관과 교회공동체가 구분되기도 하였다. 2010년 제 95차 예장총회에서 영등포산업선교회를 총회역사유적지로 지정하였고, 비정규노동문제 해결을 위한 비정규노동선교센터를 2011년에 개원하였다.

The IMF crisis under the globalization of neo-liberalism brought about the collapse of the Korean economy. Urban homelessness was a new social issue in this period, and the YDP-UIM began to address this issue by establishing a shelter and mission among homeless people. This was in order to give care to those who were alienated from society. The work was based on the principles of co-operation and mutual life giving care. As a result, an eco-shop cooperative and medical cooperative were also set up for the local community.

The Outside the Gate Church of the YDP-UIM joined the presbytery as an independent entity in 2002, and from that time the mission organization and church community of the YDP-UIM were formally separated. At the 95th General Assembly of the PCK in 2010, the Assembly designated the YDP-UIM as an historical site, and it opened a casual workers' centre in 2011.

거리위의 실무자들 The Staff on the Streets

우리 사회의 노동자, 사회적 약자를 위하여 대한예수교장로회 통합 총회는 기도회를 개최하고 작은이들의 신음에 귀 기울이며 나눔과 섬김의 사랑을 이어갔다. 한 예로 평택 쌍용자동차 철탑농성장을 찾아 '쌍용자동차 노동자를 위한 기도회'를 주최하고 사순절과 노동주일을 통해 소외된 이웃의 고통에 함께 할 것을 전국교회에 요청하였다. 영등포산업선교회는 노동자들의 인권과 투쟁을 지원하는 일에 앞장서 거리와 농성장으로 나가는 것을 마다하지 않았고, 총회나 노회 그리고 한국교회의 노동운동을 주도하며 계속하여 지원하고 있다.

1990년 대 중반부터 영등포산업선교회에 새 실무자들이 부임하게 된다. 총무로는 손은하 목사, 박진석 목사, 신승원 목사, 손은정 목사가 차례로 사역하였고, 또한 로한 잉글랜드 선교동역자가 협력하였다. 위 사진은 대한예수교장로회 총회 주최의 쌍용자동차 노동자들을 위한 기도회 평택 현장 현수막이고, 113쪽 위의 사진은 기도회 전에 손달익 총회장을 비롯한 목회자들과 해고 노동자들의 간담회 모습이다.

정규직 없는 세상을 기원하는 **기독교 예배**

오후 5시 30분 ■장소: 광화문 네거리 ■주최: 정리해고자들과 함께 하는 기독인들

밝은공동체 The Bright Community

1990년 대 말 IMF사태로 대한민국이 국가부도 위기에 처하게 되자 많은 노동자들과 중소기업가들은 해고자로, 감봉자로, 실업자로 떠돌게 되었다. 산업선교 회원들도 예외일 수 없었다. 월급은 줄어들고 일거리는 없어졌지만 삶은 이어가야 했다. 이러한 위기를 극복하기 위하여 영등포산업선교회는 1998년 '밝은 공동체' 준비모임을 가지면서 그 목표를 첫째는 영등포산업선교회 공동체 활성화, 그리고 두 번째는 IMF 금융위기 극복으로 정하였다.

풍물반, 미술반, 영어반, 유기농법 견학반, 심성개발 훈련반 등 어른과 어린이들 모두를 위한 프로그램이 진행되었다. 그중 가장 신나고 즐거운 시간은 저녁밥상 나누기이다. 어른들이 짝을 이루어 돌아가며 정성을 다하여 저녁 밥상을 준비하였고, 산선실무자, 청년들, 실업자들도 함께 하였다. 설거지는 초등학생 이상 어린이들이 짝지어 스스로 동참하기도 하였고, 모든 참가자들이 권리와 의무를 누리는 공동체였다. 위 사진은 밝은공동체 회원들이 아이들과 함께 프로그램을 진행하며 즐거운 시간을 갖고 있다.

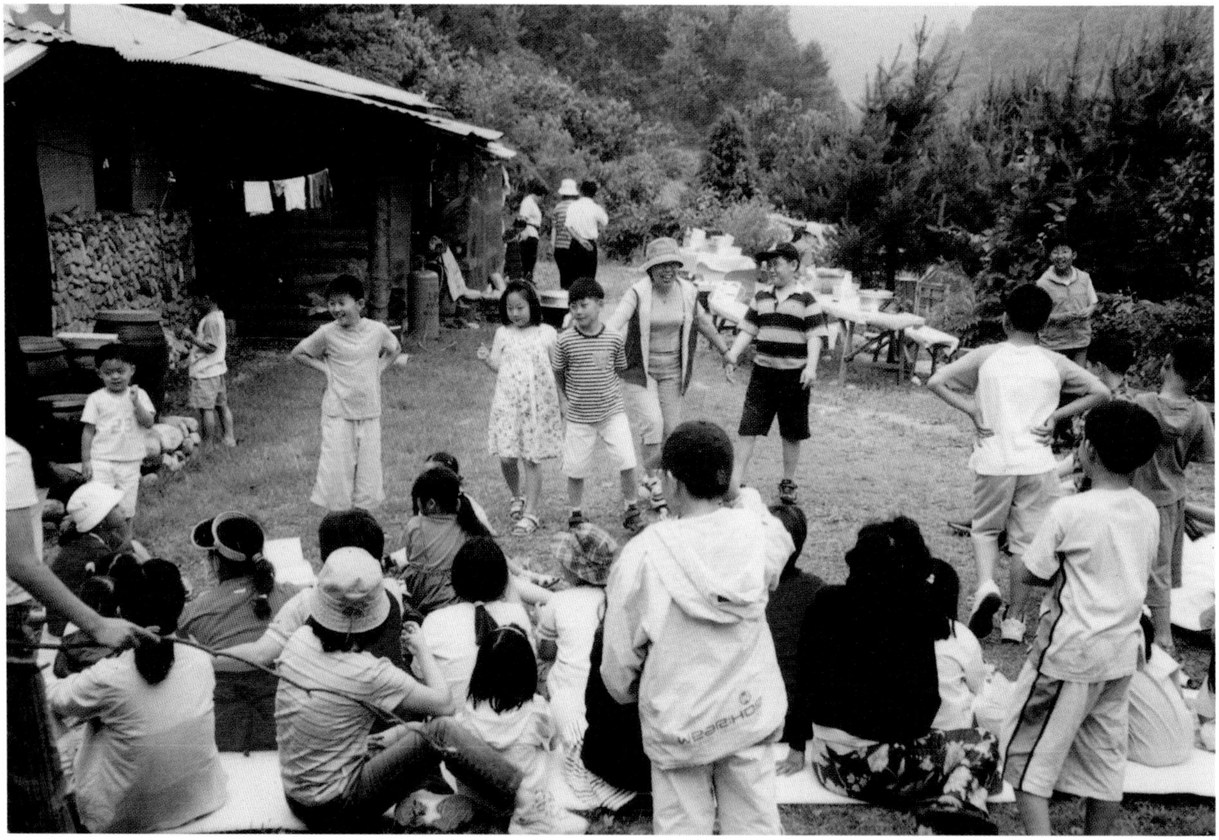

세광유리
작은 벼룩시

제2회
심성개발훈련수련회
8 9 '99

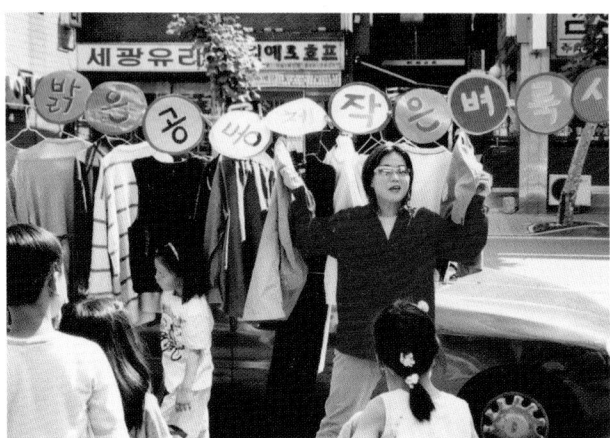

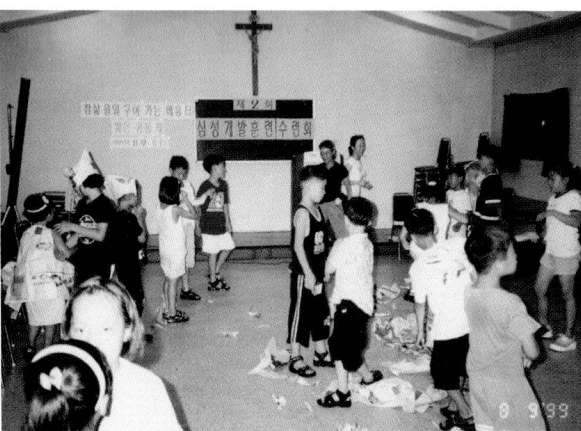

노동자 '품' Worker 'Pum'

"노동자 품"은 "나를 풀어내다, 따뜻하게 서로를 품다, 품을 넓게 한다" 등의 의미로, 몸과 마음이 피곤한 노동자들의 마음을 돌보고 인간관계를 풍성하게 하는 집단 치유 프로그램이다.

억울하게 해고되어 투쟁하고 있는 노동자, 감정노동자, 비정규직노동자, 노동조합이나 사회단체 활동가들이 주로 참여하였고 주1회씩 6~10회기, 혹은 1박2일이나 종일 프로그램을 2~3차례 하는 등의 다양한 방식으로 진행해 오고 있다.

2011년부터 2018년 현재까지 "노동자 품"은 16기까지, 강사 양성과정인 "노동자 품 플러스"도 2기까지 진행되었으며 일부 기수의 경우 지속적인 후속모임과 심화과정, 전문가과정을 통해 내면의 치유와 성장을 2018년 현재까지 확대발전시키고 있다.

위 사진은 노동자 품 강사 양성과정으로 강화도에서 1박 2일 훈련을 받고 있는 모습이다.

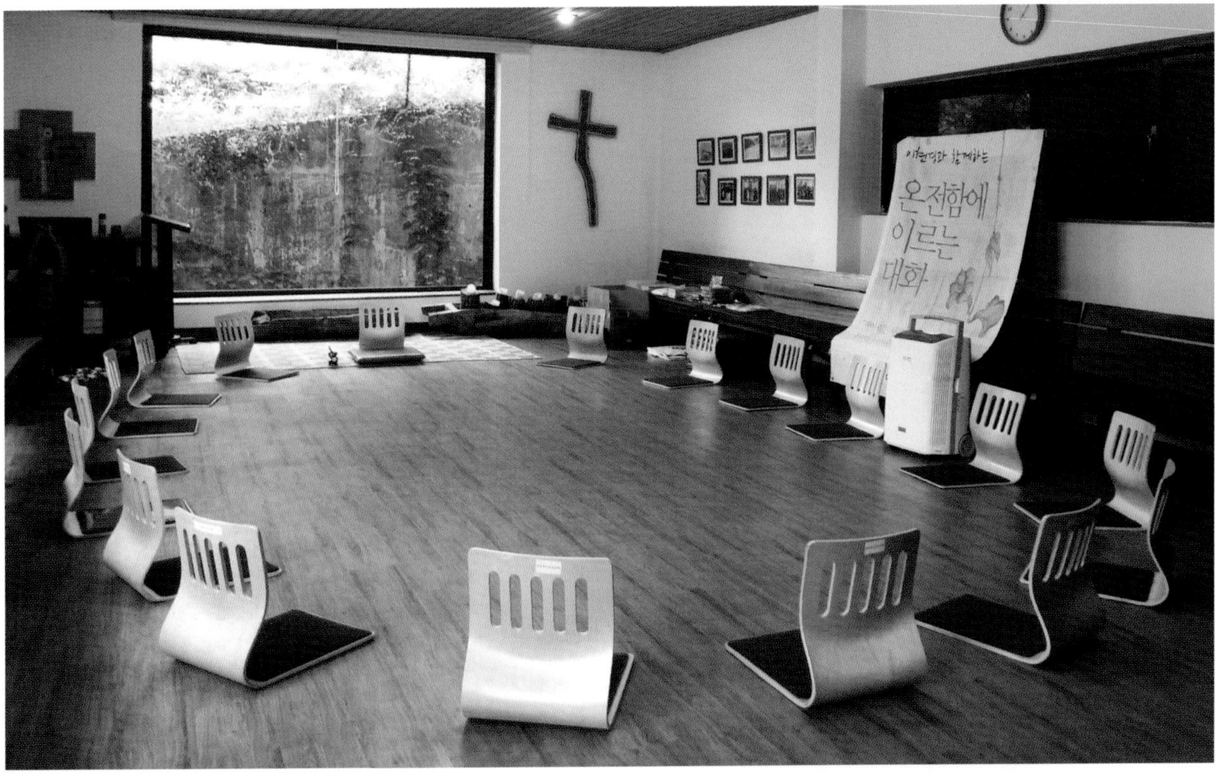
온전함에
이르는
대화

누구에게나
엄마가
필요하다

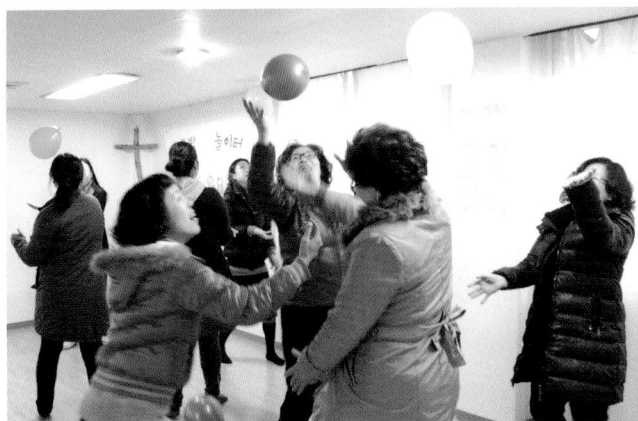

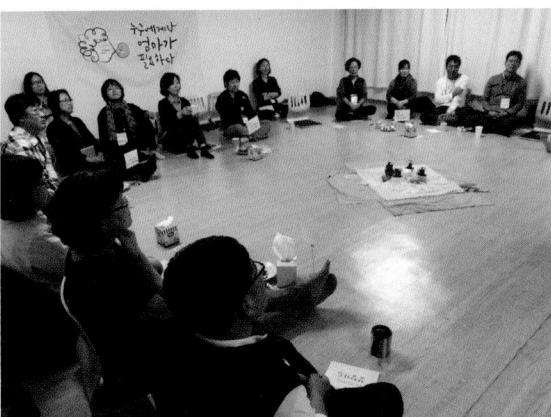

서로살림 농도생협 Eco Shop Co-operative Community

서로살림 소비자 생활협동조합은 다람쥐회 주부협동학교 졸업생들로 1999년에 설립되었다. 서로 돕는 협동정신을 바탕으로 자주 자립 자치적인 생활협동조합을 통하여 도시 조합원과 지역주민, 그리고 농촌 생산자가 연계하여 협동과 나눔으로 생태적 삶을 만들어가고, 조합원의 복지향상과 지역사회발전에 이바지함과 기독교 농촌선교의 발전에 기여함을 목적으로 하고 있다. 2015년 3월 감리교 생협인 농도생협과 통합하여 기독교농촌선교의 방향성과 지역생협으로서의 지역생명살림운동을 결합하여 서로살림 농도생협으로 확대발전되었다.

영등포지역의 생명운동을 확산하고, 건강한 먹거리와 지속가능한 환경제품의 생산, 유통, 소비를 통해 농촌과 도시가 함께 살고 더불어 살며 모두를 살리는 생명공동체를 지향하고 있다. 현재 배재석 상무이사, 박경순 매니저 등이 일하고 있다. 위 사진은 환경을 보호하기 위한 생명의 나무 서약식으로 음식물 남기지 않기를 호소하고 있다.

신용협동조합 다람쥐회 Credit Co-operative Community 'Squirrel'

신용협동조합 다람쥐회는 1969년 노동자 50여명이 14,000여원을 모아 시작되었다. 그 다음해 조합원 500여명으로 확대되어 많은 노동자들이 서로 간에 혜택을 받게 되었으며, 1972년 신용협동조합법이 제정되면서 영등포산업개발신용협동조합으로 재무부의 최초 정식인가를 받았다.

1976년에는 천명 가까운 조합원에 3,550여 만원의 자금이 조성되었으며, 자금의 일부를 공동구매 조합활동에 투자하기도 하였다. 1994년에 경제공동체 '대안'과 통합하였고, 2002년에는 서울의료생활협동조합을 창립하기도 하였다. 2011년에는 서로살림생협을 법인 설립하였고, 현재에도 계속하여 협동조합으로 조합원들에게 경제적인 혜택을 제공하고 있으며, 실무자로 정광숙선생이 있다. 위 사진은 2011년 다람쥐정기총회 모습으로 조합원들과 가족들이 모두 모여 기념촬영을 하고 있으며, 129쪽 위 사진 왼쪽에 손은정 총무가 있다.

노동자협동조합학교 안내

1968년, 생산기술자들이 중심이 되어
선교타이어공장 운영

영등포산업선교회 다람쥐회
☎ 672-2474 / 633-7972 Fax 631-8425

비정규노동선교 Labour Mission for Irregular Workers

2011년 영등포산업선교회는 '비정규노동선교센터'를 개원하였다. 한국 사회 심각한 사회문제로 자리한 비정규 노동문제가 교회의 신앙적, 선교적 사명임을 확인하고 열악한 조건에 처해 있는 비정규 노동자들을 위한 선교 활동에 매진하기 시작하였다.

한국 사회 노동의 문제, 일하는 우리들의 문제가 자본과 경제 논리가 아닌 나중에 온 사람에게도 차별 없이 같은 은혜와 대우를 약속하고 보장한 하나님 나라의 질서로 바뀌길 힘써 일하며, 많은 이들의 관심과 기도, 성원을 바라고 있다. 비정규노동선교센터에는 현재 사무국장으로 송기훈 목사가 일하고 있다. 위 사진은 비정규노동선교센터를 개원하고 회관 앞에서 현판식을 하는 장면이고, 133쪽은 파인텍 노동자들이 고공농성중인 75미터 굴뚝이며, 또 다른 사진은 삼성전자서비스 노동자들이 강남 본사 앞에서 농성을 할 때 산선 실무자들이 비빔밥 100그릇을 준비하며 연대하는 모습이다.

국제연대 International Solidarity

영등포산업선교회는 1990년대 이후 한국의 노동문제뿐만 아니라 국제적인 노동문제에 대하여 관심을 돌려 아시아의 활동가들과 함께 연대하고 대처하는 활동을 하여 왔다.

1996년부터 1998년까지 인도네시아, 버마, 일본 활동가 10명에 대한 교육훈련 프로그램을 진행하였다. 이를 계기로 영등포산업선교회는 2000년에 아시아 도시농어촌선교 디아코니아 훈련원 개원을 제안하였고, 아시아교회협의회와 함께 아시아 도시농어촌선교 디아코니아 훈련원 개설을 준비하여, 2001년 4월에 정식으로 개원하기에 이르렀다. 이후 수회에 걸쳐 인도, 필리핀, 인도네시아, 네팔, 버마, 파키스탄, 방글라데시, 대만, 홍콩, 태국, 베트남, 캄보디아, 스리랑카 등 여러 나라에서 많은 아시아 지도자들이 훈련을 받았다. 위 사진은 2013년 부산에서 열린 세계교회협의회 10차 총회에서 영등포산업선교회 부스를 통하여 세계교회지도자들과 교제하는 모습이다.

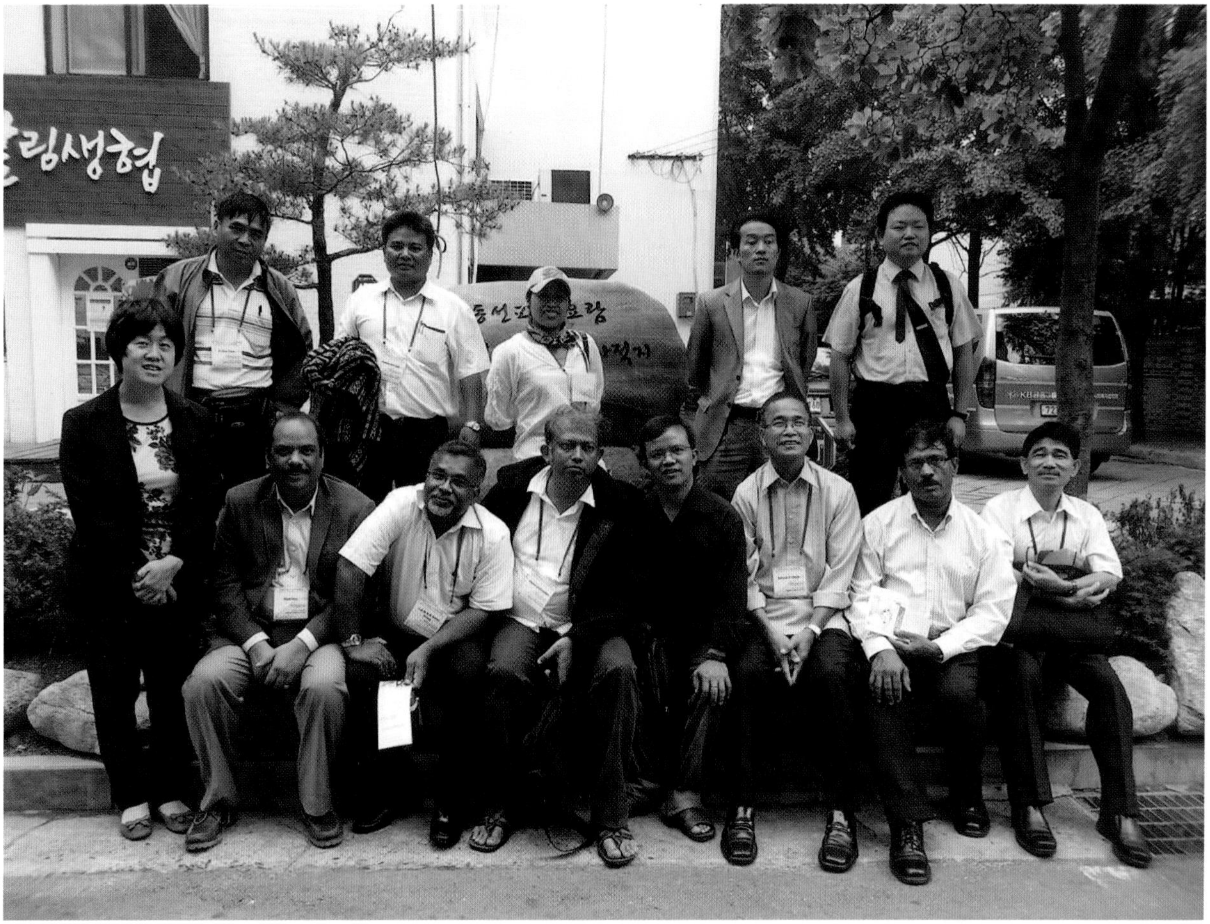

02) 2637-6237
PMK HKBP JAKARTA
URM - INDONESIA

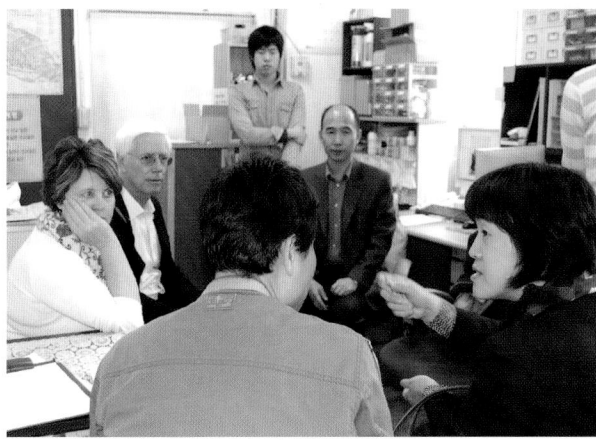

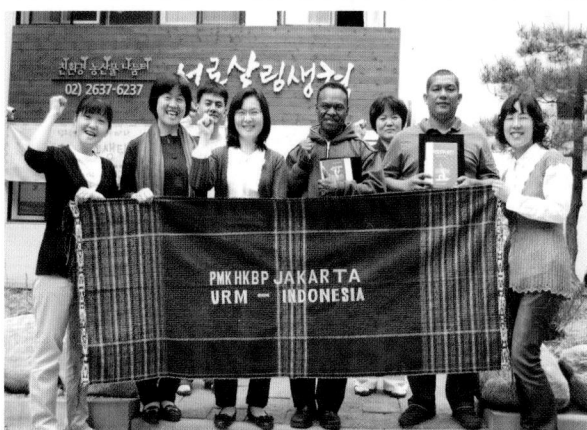

역사유적지 되다 Becoming A Historical Site

영등포산업선교회가 2010년 대한예수교장로회 통합 95차 총회에서 역사 유적지 제8호로 지정되었다. 또한 민주화운동기념 사업회는 산업선교회가 민주화 운동에 기여한 점을 인정하여 같은 해 민주화 운동 기념비를 건립하여 '노동선교의 요람 민주화 운동 사적지'라고 쓰고 있다. 한편 서울시에서도 '서울시 미래유산'으로 영등포산업선교회를 지정하여, "기독교인들의 헌신과 노동자들의 의지가 여기서 만나 노동운동과 노동자 인권으로 꽃 피우다"라고 기록하고 있다. 위 사진은 영등포산업선교회 앞마당에 봄이면 피는 백목련의 아름다운 전경이다.

영등포산업선교회

Yeong Deung Po Urban Industrial Mission

1958-2018

생명살림선교 운동으로서 도시산업선교
Urban Industrial Mission as Life Giving Movement

2014-현재

현 사회가 낳은 금융자본의 횡포와 사회적 양극화 및 생명파괴는 오늘의 산업선교가 씨름해야 할 새로운 시대적 과제가 되었다. 생명살림에 기초한 존엄한 노동의 회복과 협동의 생활화는 억압과 차별, 불안과 소외 속에 살아가는 현대인들에게 복음의 세계로 초대하는 열린 기회가 되기도 하였다.

이에 따라 영등포산업선교회는 노동사회의 생명을 살리는 노동생명살림, 도시지역사회의 생명을 살리는 도시지역생명살림, 외국인 노동자 및 다문화 가정들과 함께 아시아 교회들과 협력하는 아시아생명살림과 선교훈련을 통한 하나님 나라 운동을 실천한다.

The social polarization and the destruction of life caused by world financial capital today has become a new mission for the YDP–UIM. Nowadays many people live with discrimination and alienation. The restoration of a workforce that is treated with respect and dignity in an atmosphere of cooperation presents a new mission opportunity. In our fast changing world, the YDP–UIM continues its work with three new tasks:

1) 'Life–giving' Labour Mission: This is mission to uphold casual workers' human rights, for their healing and restoration, and to support the co–operative movement.

2) 'Life–giving' Urban Mission: The YDP–UIM provides safe shelter, free meals, rental housing, and street counselling for people who are homeless, and works with them for their rehabilitation, development of independent life skills and participation in the co–operative movement; and finally.

3) Life–giving Asian Mission: The YDP–UIM provides training programs for Asian labour leaders, international solidarity, and support for multi–cultural families and foreign workers.

현장심방 Reading the Bible in Context Today

현장심방 "발바닥으로 읽는 성서"는 2009년에 처음 시작된 신학생 및 기독청년을 대상으로 한 훈련 프로그램이다. 비정규노동의 문제로 농성하고 있는 투쟁사업장, 노숙인 지역 및 시설 방문 등을 포함한 이 땅의 고난 받는 현장들을 직접 다니며 경험한 것들을 바탕으로 토론하고 나누는 것들을 포함하고 있다.

발바닥으로 읽는 성서라는 부제처럼 많은 신학생들과 기독청년들이 머리가 아닌 몸과 발로 이 땅에 고난 받는 현장들을 다니며 경험한 것들을 토대로 성서를 이해하는 새로운 시각을 가지고 교회의 지도자가 되어 각자가 속한 교회와 신앙모임에 새로운 원동력을 주는 것을 목적으로 한다. 2018년 현재 20기까지 진행되었으며, 수백 명의 청년들이 참여하고 있다.

영등포산업선교회에는 현재 총무로 진방주 목사가 사역하고 있고, 호주에서 온 양명득 선교동역자가 협력하고 있다. 위 사진에는 장로회신학대학이나 이화여자대학교 등에서 현장심방 프로그램에 참석한 학생들이 여러 노동과 투쟁현장을 방문하며 배우고 있다.

노느매기 Rehabilitation Co-operative Community 'Nonemaegi'

2013년 서울시 마을기업으로 지정된 협동조합 '노느매기'는 노숙인 50여명과 함께 설립되었다. 노숙인 시설에서 지내던 이들은 노느매기 협동조합을 통하여 스스로 조금씩 변해가며 자립과 자활을 목표로 참여하고 있다. 조합원들은 재활용가게 '햇살나무'를 운영하면서 이익도 창출하며 일자리를 만들어 내고 있으며, 또한 폐식용유를 기증받아 친환경 빨랫비누를 만들어 판매하고 있다. 뿐만 아니라 서울시 사업의 일환으로 구청에 마을 텃밭을 신청하여 공동으로 농작물을 재배하여 김장을 하여 나누기도하며, 정기적으로 준비하는 밥상을 나누며 섬김과 나눔이 있는 밥상공동체를 만들어 나가고 있다. 노느매기는 꿈꾸는 사람들에게 위로가 되는 따뜻한 사회적 경제공동체를 지향하고 있는바, 현재 이사장으로 김건호 목사, 오행진 선생 등이 일하고 있다. 위 사진은 노느매기의 함께 나누는 따뜻한 밥상모임에서 공동 식사하는 장면이다.

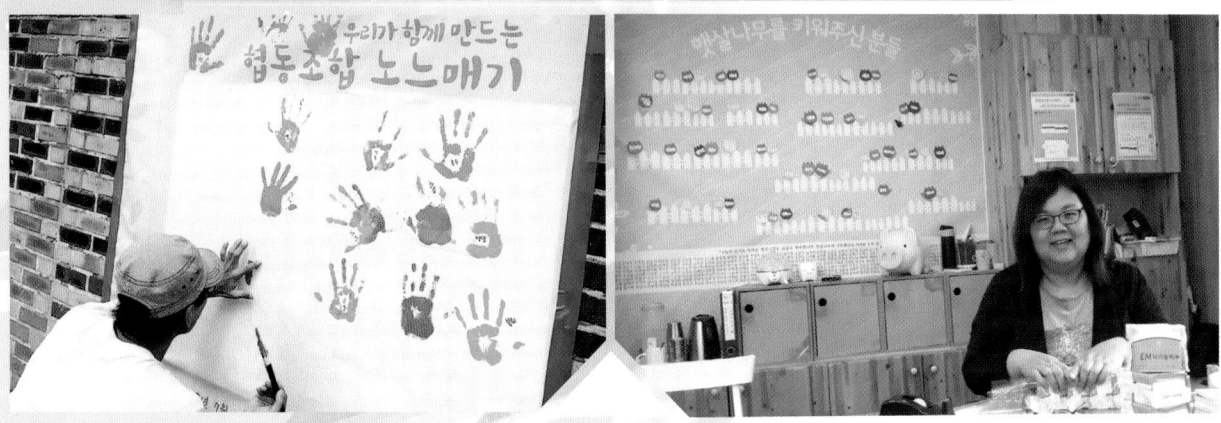

쉼힐링센터 'Sshhhuim' Healing Centre

영등포산업선교회 58주년 및
쉼힐링센터 출범 기념

노동자 마음
토크콘서트

1부 노동자 품 이야기 / 영상 & 토크
2부 만남과 나눔 (다과와 함께) / 공연, 시낭송

2016년 11월 19일(토) 오후 2시
영등포산업선교회 3층 강당

영등포산업선교회는 2016년 쉼힐링센터를 개원하였다 감정노동 종사자와 심리적으로 고통 받고 있는 노동자, 사회활동가, 지역주민들을 위해 설립된 쉼힐링센터는 개인상담. 집단상담. 치유프로그램 등 다양한 치유상담 사업을 펼치고 있다.
또한 뜻을 같이 하는 단체들과 함께 사회활동가와 노동자 심리치유네트워크 '통통톡'을 결성하여 활발한 공동사업과 협력사업을 펼치고 있으며, 네트워크의 거점으로서의 역할을 톡톡히 해내고 있다.
세부 프로그램으로는 6기에서 이어진 '노동자 품', 노동자 품 수료생들을 대상으로 하는 전문가 과정 '봄빛워크숍', 서울시 치유활동가집단 공감인과 함께 하는 '맘프(누구에게나 엄마가 필요하다)', 감정노동자를 위한 심리치유 프로그램(컨소시엄 '마음과성장'), 영등포지역 단체들과 함께 하는 '마음건강교실' 등을 꾸준히 진행하고 있다. 쉼힐링센터에는 현재 홍윤경 상임소장과 사무국장으로 최성은 목사가 일하고 있다.

한국의 교회를 배우고 연대하기 위하여 해외의 많은 교회 대표자들이 한국을 방문하고 있다. 세계교회협의회, 아시아교회협의회, 세계선교협의회 등을 비롯하여 각 나라의 교회협의회와 교단 대표들이 특별히 영등포산업선교회를 한국에서 진행되고 있는 중요한 선교의 한 부분으로 이해하고 방문하고 있다.

또한 독일교회에서는 종종 청년 인턴을 파송하여 영등포산업선교회 직원들과 함께 일하며 배울 수 있도록 하고 있고, 호주교회는 지금까지 계속하여 선교관계를 맺고 있으며, 아시아교회의 산업선교 단체들은 한국의 산업선교 견학을 위하여 본 선교회를 방문하며 연대를 이어가고 있다. 위 사진은 세계선교협의회 대표단이 영등포산업선교회를 방문하고 견학할 때 함께 찍은 사진이다.

햇살보금자리 Sunshine Homeless Shelter

햇살보금자리는 2000년 초 노숙인 주간보호센터로 시작되었고, 영등포산업선교회는 2002년부터 서울시의 24시 주야간 상담보호센터를 통하여 거리 노숙인 보호사업 및 그들의 자립과 자활 사업을 본격적으로 개시하였다. 이곳은 서울시 영등포구에 등록된 노숙인 일시보호 시설로서 노숙인을 위한 잠자리 제공, 급식 제공, 응급처치 등 일시보호 기능을 주로 하면서 거리 현장상담, 주거복지, 신용회복, 취업연계, 병원진료 연계, 생활물자 지원을 하고 있다.

매일 평균 150여명이 이 시설을 이용하고 있으며, 연 500여명에게 사회적 일자리를 제공하고 있다. 또한 초기 주거지 지원으로 고시원과 쪽방 등의 월세를 임시 지원하고, 임대주택사업을 통하여 안정된 주거생활 및 지역사회 정착을 위하여 서울시와 함께 일하고 있다. 현재 우성영 센터장과 최병국 실장 등 복지사와 상담원 10여명의 실무자가 있다. 위 사진은 한여름 폭염에 햇살보금자리 자원봉사자가 거리의 한 폐지수거 노인에게 물을 건네고 있고, 155쪽 중간에 이성희 총회장이 노숙인 성탄예배에서 말씀을 전하고 있다.

아름다운 자원봉사자들 Wonderful Volunteers

햇살보금자리는 서울시의 지원을 받아 운영되는 노숙인 일시보호 시설이다. 영등포지역을 비롯하여 많은 사회단체들과 교회 봉사단체들이 무료식사, 이발과 미용, 임대주택 보수공사 등 정기적 혹은 비정기적으로 봉사를 하고 있다. 대표적인 단체들로는 도림교회, 홍익교회, 과천교회, 광암교회, 한강성심병원 등이 있다.

뿐만 아니라 해외단체에서도 시설을 방문하여 한국사회의 성장에 가려져 있는 또 다른 단면을 견학하고 영등포산업선교회와 연대를 하고 있다. 위 사진은 햇살보금자리 자원봉사자들이 서울김장문화제에 참여하여 임대주택 거주자들을 위하여 김치를 담그고 있다.

출판 도서 소개
Introduction to the Publications

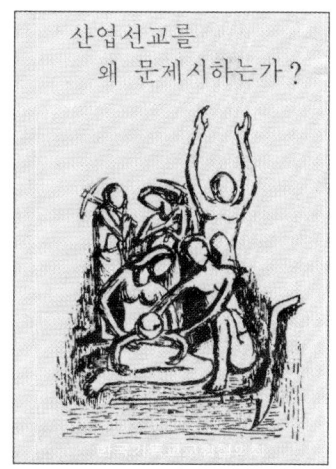

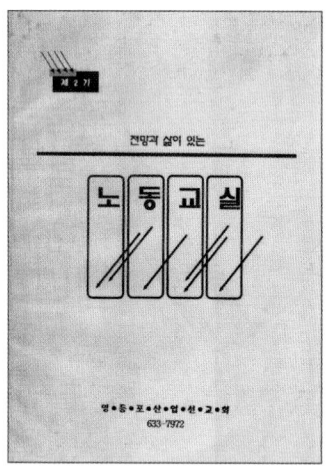

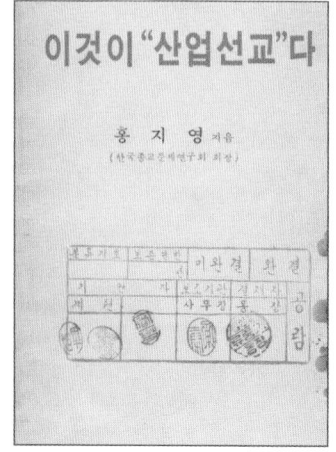

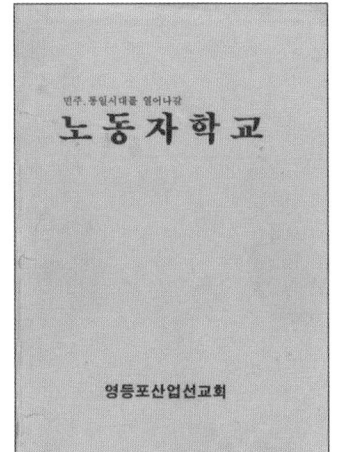

민주.통일시대를 열어나갈
노동자 학교
영등포산업선교회

인 명진 목사. 옥중서신집
구치소에서 온 편지
영등포 도시산업선교회 발행

노틀과 창조
영등포
산업
선교회
1999.16/창간호

"너 하나님께서 일하시니 나도 일한다.
(요5:11)"

총회 도시산업선교 50주년 기념도서
"내 아버지께서 일하시니
나도 일한다"

일언은
만언을위하여
만언은
일언을 위하여

협 동 인

1995년
1, 2월

150-046 영등포구 당산동5가 171-40 672-2474 / 633-7972 Fax631-8425

힘찬 새해 새아침

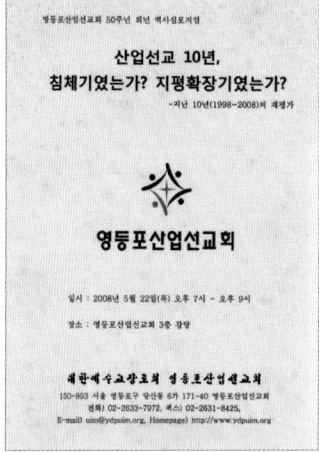

영등포산업선교회 50주년 퇴년 역사심포지엄
산업선교 10년,
침체기였는가? 지평확장기였는가?
-지난 10년(1998~2008)의 재평가

영등포산업선교회

일시 : 2008년 5월 22일(목) 오후 7시 - 오후 9시
장소 : 영등포산업선교회 3층 강당

대한예수교장로회 영등포산업선교회
150-893 서울 영등포구 당산동 6가 171-40 영등포산업선교회
전화: 02-2633-7972, 팩스) 02-2631-8425,
E-mail) uim@ydpuim.org, Homepage) http://www.ydpuim.org

1970년대
노동현장과 증언
한국기독교교회협의회
한국교회산업선교25주년기념대회

풀 빛

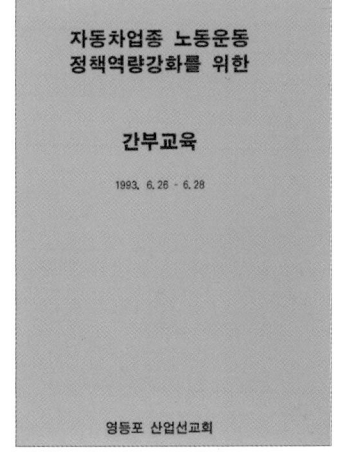

자동차업종 노동운동
정책역량강화를 위한

간부교육

1993. 6. 26 - 6. 28

영등포 산업선교회

교회와 도시 산업선교

총회 전도부 산업선교위원회 편

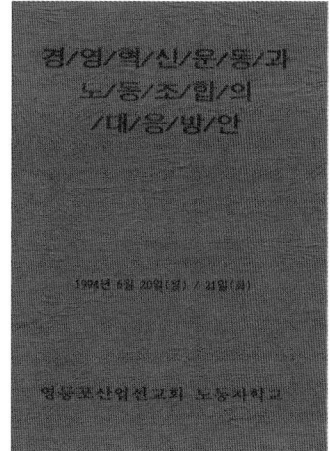

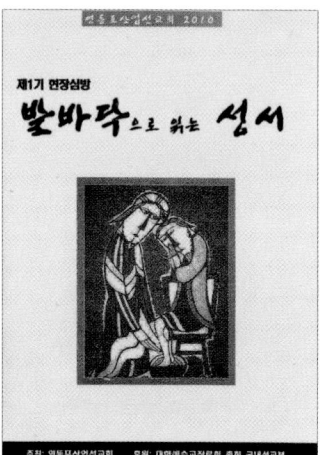

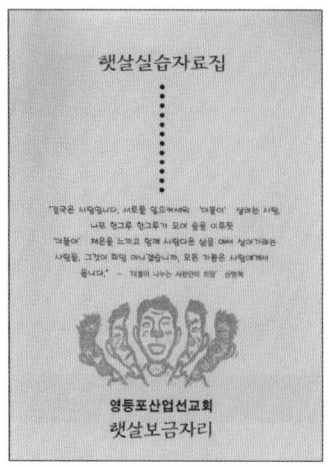

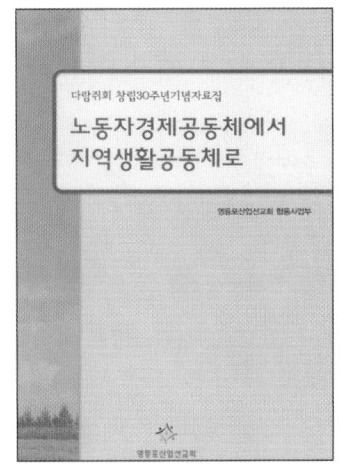

영등포산업선교회 60주년 기념도서

영등포산업선교회 1958-2018

2018년 10월 11일 초판 1쇄 인쇄
2018년 10월 17일 초판 1쇄 발행

발간인 | 진방주
편집인 | 양명득
펴낸이 | 김영호
펴낸곳 | 도서출판 동연
등 록 | 제1-1383호(1992. 6. 12)
주 소 | 서울시 마포구 월드컵로 163-3
전 화 | (02) 335-2630
전 송 | (02) 335-2640
이메일 | yh4321@gmail.com

Yeong Deung Po Urban Industrial Mission 1958–2018
(The 60th Anniversary Publication Series 4)
Publisher Bang Joo Chin, Editor Myong Duk Yang
Printed in Korea
Copyright © 영등포산업선교회, 2018

ISBN 978-89-6447-430-3 03900